陪著你玩 06
優質關係經營叢書

遊戲式教養
翻轉既有的教養方式

鄭如安 著

麗文文化事業

■ 國家圖書館出版品預行編目（CIP）資料

遊戲式教養：翻轉既有的教養方式 / 鄭如安著. --
初版. -- 高雄市：麗文文化，2020.05
面； 公分
ISBN 978-986-490-171-5（平裝）

1.親職教育　2.親子關係　3.教學遊戲

528.2　　　　　　　　　　　109005836

遊戲式教養：翻轉既有的教養方式

初版一刷・2020年5月　初版二刷・2021年9月

著者	鄭如安
協同作者	李雅真、陳玟如、劉秀菊
責任編輯	李麗娟
封面設計	王禹喬
發行人	楊曉祺
總編輯	蔡國彬
出版者	麗文文化事業股份有限公司
地址	80252高雄市苓雅區五福一路57號2樓之2
電話	07-2265267
傳真	07-2233073
網址	www.liwen.com.tw
電子信箱	liwen@liwen.com.tw
劃撥帳號	41423894
臺北分公司	10045台北市中正區重慶南路一段57號10樓之12
電話	02-29229075
傳真	02-29220464
法律顧問	林廷隆律師
電話	02-29658212

行政院新聞局出版事業登記證局版台業字第5692號

ISBN 978-986-490-171-5（平裝）

麗文文化事業

定價：320元

作者簡介
Author

鄭如安

國立高雄師範大學輔導與諮商研究所博士
中華民國諮商心理師
現任：陪著你完優質關係經營協會理事長
經歷：二屆高雄市諮商心理師公會理事長
　　　高雄市學生輔導諮商中心主任
　　　社團法人高雄市生命線主任
　　　高雄市學生輔導諮商中心督導
　　　高雄市社會局兒童青少年與家庭諮商中心主任督導
　　　美和科技大學助理教授
　　　屏東大學兼任助理教授
　　　國立高師範大學輔導與諮商研究所兼任助理教授
榮譽：屏東教育大學傑出校友
　　　全國反毒有功人士
　　　教育部輔導有功老師

　　「當你遇見美好的事物時，所需要做的第一件事，就是把它分享給你四周的人。這樣，美好的事物才能在這個世界上自由自在的散播開來。」

　　如安從事諮商輔導超過30年，就是一直秉持這樣的理念把自己的學習與領悟透過上課或撰寫專書、繪本、圖卡將之分享出去。

　　「遊戲式教養」是一個新的嘗試，期待透過本書能讓一般的家長或兒童工作者學會遊戲治療的基本技巧與態度，且本書都以日常生活的情境為例來說明，就是希望可以更貼近每位讀者的生活經驗，進而能將所學很接地氣的運用在日常與兒童的互動中，做到「遊戲治療生活化」的實踐。

協同作者
Author

李雅真

台南大學語文教育系學士
屏東教育大學教育心理及輔導研究所碩士
現任：高雄市十全國民小學輔導組長
　　　高雄市學生心理諮商中心兼任心輔人員

愛孩子，
喜歡和孩子一起遊戲。
帶著好奇的眼光，
走進孩子的內心世界，
閱讀孩子的生命故事，
陪伴孩子欣賞沿途的風景。

有了孩子之後，
從中體會了教養的不易與焦慮，
堅信教養不是一味的限制與高壓，
更不能假手他人。
如何翻轉既有的教養方式，
在更有效能的情況下建立親密、和諧、健康的關係，
此書提供了解答。

讓「愛」在親子間流轉，
觸動、滋養彼此的心。
期待更多親子能在遊戲式教養中獲得幸福。

陳玟如

中山大學教育研究所碩士
屏東大學心輔系諮商輔導碩士
國小教師退休
現任：高雄市學生諮商中心諮商心理師

　　對我而言，有機會成為傾聽孩子的陪伴者，是非常讓人喜悅與感動的。一直以來，熱愛與孩子一起改寫生命故事的歷程，也期待每一次的相遇，都能成為孩子生命中有意義的重要記憶。

　　幸運地，因如安老師的邀稿，能於本書提供部分實務故事分享，著實令人開心；更歡喜的是看到本書出版，而有機會能一起推動-遊戲式教養。真心期待可以邀請更多父母與師長，參與我們幸福的翻轉教育-「讓遊戲不僅僅是遊戲！」。

劉秀菊

高雄師範大學輔導與諮商所碩士
彰化師範大學輔導諮商學系博士候選人
國小教師退休
現任：高雄市學生諮商中心諮商心理師

　　一直以來，我非常喜歡與享受透過陪伴兒童遊戲，進入兒童的心靈世界；近六年來，我發現透過親子遊戲治療直接教導家長學習更理解、接納與同理孩子，也能適時地設限，培養良好的親子互動與關係，對孩子的助益是極深遠與廣大的，且身為母親的我，對於養育孩子的辛苦與難處很能感同身受。因此，投入非常多的時間與熱情，在台灣與大陸協助許多一般或有情緒行為困擾、注意力不足過動與自閉等特質之兒童與家長。鄭老師將其二十多年對兒童遊戲治療與父母工作的實務經驗撰寫成一般父母能理解的書籍-遊戲式教養，很開心能接受邀請為本書提供一些實務經驗，衷心地希望透過這本書能幫助更多的家長更輕鬆有效地養育孩子，能學習與孩子建立更正向的親子關係，改善孩子的問題，幫助孩子發展潛能。

前言

　　相信很多人初次聽到「遊戲式教養」，都會有點好奇或疑惑!!在本書後面會有更詳盡的介紹，在此先簡要說明一下遊戲式教養是如何被開展出來的。要談遊戲式教養必須先瞭解諮詢這個專業。諮詢這個專業的發展是從歐美國家開始，且都是以成人為主體，此領域裡面也有非常多的流派、學派，但以兒童為主體的學派就當屬「遊戲治療」。

　　遊戲治療應用家長的濫觴可以追溯在 1909 年時，Frued 教導 Little Hans 個案的父親回到家在面對孩子呈現恐懼狀態時，如何進行反應而成功治癒 Little Hans 的恐懼症。後來到了 1949 年時，有位名叫 Dorothy Baruch 的諮詢師就更具體的教導她兒童個案的父母一些技巧，並建議他們在家中與孩子進行遊戲單元，這不僅改善了孩子的問題也增進了良好的親子關係。

　　雖然如此，當時諮詢專業對此訓練家長基本遊戲治療技巧的模式還是有所遲疑，直到 1964 年 Bernard Guerney 明確運用「兒童中心遊戲治療學派」的理論基礎，發展小團體結構之訓練模式並命名為 "Filial Therapy"。此後，各種訓練家長基本遊戲治療技巧的模式就越來越多，甚至推廣到除了父母之外的學校老師、保育人員、褓姆、爺爺奶奶…等需要跟兒童接觸的人，都發現效果相當良好，而且這些都經過嚴謹的實證研究證實的。

從嚴謹的研究結果及遊戲治療師的實務經驗都證實，經過訓練後的父母都能比之前更瞭解孩子們的需求，以及學習建立一個非判斷的、允許孩子自由表達自己的家庭氣氛，並瞭解遊戲是孩子生命中重要的事件，對孩子所發出的情緒訊息會更敏感，更能瞭解孩子及看到孩子行為背後的心理需求，而非只想立即降低孩子的不當行為。

更值得一提的是：1.這些基本技巧對父母而言是較簡單易學的。2.這些技巧很容易在遊戲單元外的家庭生活中被採用。3.甚至當父母熟練這些技巧之後，其對兒童的效果可比擬專業的遊戲治療者。

今天遊戲式教養這本專書也是在這樣的潮流下應運而生。這本書的所有內容是鄭如安博士依據兒童中心遊戲治療與結構式遊戲治療的理念，加上多年實務經驗所編著有關親子教養的專書。鄭博士本身是一個華人，在華人的家庭、學校、社會中成長，也是一個兩個女兒的爸爸，且擔任過小學、中學、大學的老師，又有超過 20 年豐富的戲治療的諮詢專業經驗。因此，本書的很多例子都是發生在華人文化脈絡的華人家庭中的情境，相信這都可以更貼近各位爸媽的經驗與需求。

不管是以專業諮詢師為主的遊戲治療、結構式遊戲治療，或以家長為主的遊戲式教養都強調「遊戲」，但遊戲是什麼呢？遊戲式教養跟遊戲治療的遊戲有無不同？

　　這是一個很好且很重要的問題，我們的遊戲絕對不是手機遊戲、線上遊戲或電子遊戲，因為當孩子在玩這類遊戲時：1.他可以全然的獨自一個人玩，可以完全不跟周早遭的任何人互動，甚至他不需要也不期待有人跟他一起玩手機遊戲的，所以，也才會看到在餐廳時，每個孩子人手一台手機就不吵不鬧了，但也沒有交流與互動了。2.這類遊戲都讓孩子成為一個被動的接受者，亦即玩的過程，孩子不需要表達內在的感受、想法，或是沒有人際間的交流互動機會。3.這類的遊戲無法促進孩子的肢體發展或平衡協調能力的發展，因為整個過程，孩子只用到手指頭這個部分。有尚可之，這是非常糟糕的！這類遊戲對孩子的負面影響是相當大的!!每位家長對於孩子玩這類的遊戲要有所管制或限制。

　　我們所倡導及鼓勵的遊戲範圍很廣泛，只要是在進行過程需要或可以有交流、互動，或是他可以促進表達、溝通的都可以説是「遊戲」。例如：1.一般人常講的玩玩具、或一個人在畫圖、玩樂高、拼圖…等等，都是在遊戲，因為在玩的過程，孩子就是在透過玩具在表達或展現能力，即使孩子是一個人在進行這類遊戲，但過程中是可以有人參與進去的，或是你可以根據他的作品與孩子進行交流互動，例如孩子分享他剛才一個人畫圖的內容即是。2.跟大人、手足、同學打球、下棋、團康活動…等，這也是遊戲。因為在玩的過程就是在交流、互動，而且上述動態的活動也都能促進孩子肢體的發展與平衡協調性的發展。

綜上，具有下述三個特性之一的活動，就是遊戲治療或遊戲式教養所謂的「遊戲」：1.就是一個孩子表達內在感受、想法或展現能力的過程。2.就是可以促進孩子與人交流互動的過程。3.就是一個有助於孩子身體發展的過程。

由此可知，我們跟孩子生活中的點點滴滴幾乎都具有「遊戲」內涵。訓練孩子如廁、走路、生活習慣、讀書、寫字…等，都是有交流與互動的。陪孩子玩任何的玩具或下棋、打球…這當然更是遊戲。

有了這樣的瞭解之後，大家就更容易明白遊戲式教養的重要與價值甚至是高於遊戲治療的。因為遊戲治療的進行就僅限於在專業的遊戲治療室中，由專業的諮詢師進行每週一次的遊戲單元。但遊戲式教養的目的則是要讓父母親可以將所學應用在家庭生活中。我常用這樣的例子來比喻，當一個人生病到醫院動手術時，需要專業醫師在專業的手術室進行。但當一個人手術後的居家照顧與保養或我們平日的鍛鍊與養生保健，就不需要具有像專業醫師這樣的醫學專業，也不限定要在專業手術室中進行，而是有了基本的醫療常識之後，要在日程生活中實踐，而且當我們平日的養生保健有落實，就可以大大減少生病進而要到醫院看病的機會。

綜上，遊戲式教養式強調的是家長要把學到遊戲治療基本技巧與態度很熟練、很自然地運用在日常生活中，可以說是一種「遊戲治療生活化」的實踐。因此，大家也會發現整

本書都盡量日常生活的情境

很多父母常會抱怨孩子「如果讀書寫字能像玩遊戲這樣認真就好了」，這的確是孩子生活中真實的樣態。這同時也說明孩子很多的學習與習慣，其實是在所謂的「非正經事」，如遊戲、起居生活的互動過程中建立的。

相信大家都同意遊戲對孩子成長是非常重要的。因此，本書首章將先介紹遊戲與玩具的重要，讓大家瞭解「遊戲不只是遊戲，玩具也不只是玩具」的內涵。

任何的教養方法、技巧都要建立在對孩子的瞭解，若無法理解或瞭解孩子的心理需求，只針對孩子的行為做處理，有時不僅沒有效果，甚至還會適得其反。

有時爸媽閒的時候，孩子都不吵不鬧不要求，但當爸媽正忙著店裡的生意或正在處理一些重要事情時，此時孩子反而要你幫他做東做西，讓爸媽好煩又好有情緒。為什麼會這樣呢？

有些時候玩具擺著，兄弟二人都不玩，但當一個人過去拿著要玩時，另一個人也過去要搶著玩同一個玩具，然後兄弟就吵了起來。怎麼會這樣呢？

上述的這些事例，經常發生在日常生活中，很多爸媽百思不得其解？想不懂箇中理由？！

其實這都跟孩子想要得到爸媽關注的親密需求，或展現自己有能力、有主導性的自主需求有關。我們若要有效處理這些生活事件，就必須瞭解孩子的心理需求。

本書第二章要介紹孩子兩個重要的心理需求：「親密需求」與「自主需求」，我們相信孩子每個行為的動力來源都是起於要滿足這兩個心理需求。父母如果能瞭解孩子行為背後的心理需求是要親密？或是要自主？或是兩者都需要？將會對親子關係有很大的增進。相信讀完第二章的介紹，父母會更瞭解孩子行為背後的心理需求，也就能更有效的處理孩子帶來的困擾，成為一個有效能的父母。

接續的第三章至第八章節則是透過理念的介紹帶出遊戲式教養的具體技巧，希望經由理念的瞭解再配合具體技巧的學習，才能真正學好遊戲式教養。尤其遊戲式教養特別根據心理學、諮詢輔導學的重要理論-依附關係的理念：強調一個能能持續與穩定滿足孩子生理、心理和社會三方面需求的互動關係，就可以滿足其親密感並培養一個具安全感的孩子。遊戲式教養就根據此理論的一個關鍵理念：「持續與穩定」，強調建構一個固定而有規律的親子時間之重要，這個親子時間的建構可說是建立優質的親子關係及培養自信自尊且有責任心孩子的基本條件。

而在第三章就以「媽媽，妳在嗎？」主題來探討遊戲式教養親子時間之建構。第四到八章則特別來介紹遊戲式教養

的幾個基本技巧。

　　遊戲式教養的基本技巧摘要說明如下：

1. 「追蹤描述行為」、「提升自尊」技巧：讓父母培養出孩子的自信與自尊。
2. 「情感反映」技巧：讓父母瞭解到情緒的重要與複雜，也讓每位父母學會反映出孩子的情緒，而能有效安撫及穩定孩子的情緒。
3. 「反映意義」技巧：讓父母更懂得孩子的內在想法，甚至是孩子話語中的弦外之音。
4. 「提供選擇」技巧：讓父母培養出自律且負責任的孩子。
5. 「設限」技巧：讓父母學習如何有效規範孩子的行為。

　　在介紹遊戲式教養基本技巧後，同時也設計「自我檢核與反思」的內容，期待能讓每位父母在瞭解遊戲式教養理念與技巧之外，更能透過這些「自我檢核與反思」來自我檢視、自我修正，真正地學習到遊戲式教養的新態度與新技巧。

　　本書也摘錄一些父母實際教養過程所遇到的困境提問，相信當讀者閱讀完前面文章內容後，再看這些提問與回答的內容，讀者體會與學習一定會更為顯著。

目錄

三歲女兒給媽媽的祈願

媽媽你看！我爬好高
小心小心！快下來，這樣會跌倒
我不會跌倒啦！ 啊！好痛喔！
你看，媽媽不是叫你不要爬嗎！

媽媽我知道你愛我
但 不要怕我跌倒
若 我跌倒時
你只要及時過來擁抱我 安慰我

媽媽，我不管，我就是還要吃餅乾
可是…好吧！ 只能再吃一包喔
媽媽我還想要再吃呢，拜託拜託
可是…可是…

媽媽我知道你愛我
但 不要嬌寵我
若 我任性耍脾氣時
你只要溫和而堅定的告訴我「不
可以」

媽媽，你可以早點來接我嗎？
寶貝，抱歉！媽媽還在忙呢！
因為 我想要你有更多時間陪我
寶貝，對不起

媽媽我知道你愛我
但 不要自責於你的忙碌
若 我要求你陪我時
給我一固定且專注地陪伴時間就
夠了

媽媽，什麼時候可以跟你一樣是
大人了呢
寶貝，大人的世界好複雜呢！
長大 不好嗎？
媽媽希望你快快樂樂長大
當大人 不好嗎？
我希望你不要有煩惱

媽媽我知道你愛我
但 不要擔心我成長時面對的挑戰
若 我遇到挫折或失敗時
你只要緊緊地擁抱著我 安慰我
相信我 因為有你的愛與陪伴
我可以堅強的面對一切

哇！哇！…哇！哇！

寶貝！不要哭！不要哭！

哇！哇！…哇！哇！…哇！

哇！…哇！哇！

寶貝！不要哭！…

哇！哇！…哇！哇！…哇！

哇！…哇！哇！

我不是叫你不要哭嗎！…不准哭！

哇！哇！！！！

你哭的讓媽媽好心煩，好心疼！

媽媽，你怎麼了，你為什麼掉眼
淚？

沒有啊！沒有啊！那不是眼淚啦！

媽媽，我知道妳在難過傷心

沒…有啊！

媽媽 妳為了什麼難過傷心呢？

因為…妳還小，不懂啦！

媽媽，我不要你難過！

媽媽我知道你愛我

雖然我哭泣

但你無須過度擔心與生氣

我的哭泣是有原因的

只是我講不出來

我的哭泣 只是在告訴你

我要你溫柔的擁抱

媽媽 也讓我抱抱你

媽媽，我知道你愛我

但 不要因為我而委屈自己

只要有你滿滿的愛

我仍然可以健康快樂的長大

只要你能為自己而活

即使只有你和我

媽媽　抱抱我

媽媽　也讓我抱抱你

雖然　只是一個擁抱與陪伴　但我們擁有滿滿的愛

Chapter

1

讀書寫字若像玩遊戲
這樣認真就好了

— 談遊戲式教養之遊戲 —

遊戲不只是遊戲，玩具也不只是玩具

「遊戲式教養」是有趣也頗吸引人的一個概念，但常也有人質疑「遊戲」不就是玩樂嗎？「玩樂」孩子當然喜歡，但要求他做事情、寫功課時，就不是遊戲了，一點也不好玩了，還能進行遊戲式教養嗎？

對於初次接觸遊戲式教養的父母常會問「遊戲」為什麼會有效果？「遊戲」為何會讓孩子更有自信及自發呢？

本書將在以下章節一一分享遊戲式教養對「遊戲」的看法。

一、遊戲就是在「展現孩子自我的優勢」

遊戲式教養所談的「遊戲」，其實是一個隱喻、一個象徵，我們不認為遊戲僅是一種玩樂，我們深深地認為：

「遊戲」就是在「展現孩子自我的優勢」，就是「發展培養精進孩子的自信與自尊」。

「遊戲」就是在「讓孩子的情緒充分表露」，就是「讓孩子可以完全行使自己的意志」。

凡是孩子自發投入的遊戲或活動，就有可能產生上述的效果。

讓我再多解釋一些。試問每位朋友，若請你在工作之餘選擇一件事情或活動來做，你的選擇會是什麼呢？是唱歌、打球、運動、看書、或是看電影……？相信你的選擇，應該會是讓自己放鬆、開心、擴展人際關係或是找到成就感的。更重要的是你選擇的事情或活動應該就是自己願意且喜歡的，甚至這些活動就是你的興趣與專長。從事這些事情或活動時，相信一定有助於你身心的調整與優化的。

孩子在做完功課與學習之後，最喜歡做的事情是什麼呢？我想就是「遊戲」。孩子的「遊戲」跟你投入的活動具有同樣的功效喔！

分享到此，筆者想要特別強調－－當孩子是自己一個人在玩遊戲時，那真的就只是遊戲，但當爸媽學會遊戲式教養的基本態度與方法陪著孩子遊戲時，「遊戲就不只是遊戲」。此時的「遊戲」就是在「展現孩子自我的優勢」，就是在「發展培養精進孩子的自信與自尊」。

事例 1

張爸爸家的小明上幼稚園時學會了踢毽子！每天爸爸一回到家，小明就要求爸爸一定要看他表演「踢毽子」。

爸爸！你趕緊坐下來，看，今天我已經可以一次踢10下了！！

於是張爸爸專注地花了5-10分鐘看孩子踢毽子！！

一段時間下來。張爸爸發現過去小明有時會嚷嚷不想上學的現象完全沒有了！！而且變得很喜歡上學。

張爸爸也發現小明不僅喜歡踢毽子！！對自己也變得更有自信，更願意嘗試新的事物。

爸爸！你看我很厲害，對不對？

這個我會，我來試試看！

事例 2

小芳是一年級的新生，她個性溫和善良，但較為內向。又由於學前是由鄉下外公外婆照顧，沒有進過幼稚園，因此

對於學校的一切都很陌生。

上學的第一周，老師指定小芳上臺唸課文，小芳唸的零零落落而遭致同學的譏笑，她覺得好丟臉喔！小芳開始對學習感到焦慮不安，有些懼學……

媽媽上過遊戲教養工作坊後，開始固定的陪伴小芳玩遊戲。她們一起玩老師和小朋友辦家家酒的遊戲，小芳有時扮有愛心的老師，請媽媽當學生；有時扮上臺說故事的小朋友，媽媽當聽眾，小芳玩得不亦樂乎。遊戲中媽媽不斷的肯定小芳的故事說得好聽，也稱讚小芳會安慰動作慢的小朋友，是個溫柔有愛心的好老師……媽媽還分享了小時候上學時的小故事，也曾經有過和小芳一樣的經驗。

小芳變得開心多了，開始願意和媽媽一起唸課文、學注音符號，也一起複習功課。小芳不再覺得丟臉，上學是一件輕鬆愉快的事囉！

各位爸爸媽媽平日要求孩子的功課及成績，都是應該，也需要的。但當孩子做完功課或完成你要求的事情之後，他說我要去「玩……」，請各位爸媽停下手邊的事情，好好的欣賞孩子玩的遊戲或玩具，因這些遊戲或玩具跟他的特質、優勢有關。有的孩子愛玩積木、有的愛玩黏土、有的愛玩剪紙，有的是要去打球跑步，有的愛看故事書……，這些都跟孩子的優勢有關。從孩子玩的遊戲內容、遊戲人物的表達、遊戲過程的變化及劇情等，都可以幫我們瞭解孩子的情緒與想法。

二、遊戲反映兒童的情緒、思想與經驗

兒童最習慣、最喜歡的東西是玩具，他們大部分的時間花在遊戲。遊戲有一重要功能，就是可以協助孩子表達內在的想法或情緒。因為孩子的認知思考、邏輯推理……都尚在發展中，舉凡他內在的想法、情緒、感受等等，要他僅用語言來表達，其實是有困難與受限的。但這不表示孩子沒有情緒、沒有感覺或沒有想法。孩子經常是運用遊戲進行情緒的表露與內在想法的表達。

試著花一點時間觀察兒童的自發性遊戲，就會發現兒童可能無法很精準地用語言來表達他們的挫折、憤怒，但他們很習慣透過遊戲玩出他們的挫折和壓力。

「兒童靠遊戲表達情緒，靠遊戲表達思想，靠遊戲描述他生命中的一些重要經驗」。這是筆者經常分享表達的概念。

當你仔細感受孩子玩的扮家家酒、畫圖、假扮遊戲等等的內容，你就可以輕易地在遊戲過程中，感受孩子的情緒與想法。以「辦家家酒」遊戲為例，相信每個人在小的時候都玩過「辦家家酒」，兒童透過這樣的遊戲過程，呈現出他所知覺到的世界，也玩出許多在現實生活中無法滿足或完成的夢想。小男生扮演成一個員警、超人或大力士，拿著精良的武器拯救世界，這樣的遊戲過程滿足了這位小男生好多的幻

想，也讓他感受到自己是很有能力的一個人。小女生扮演媽媽煮東西給小BABY吃，煮食物的過程中，還會聽到她講述，生活中經驗到的一些事情，如「要乖、不可以偏食、爸爸會生氣…」等內容。

以上這些都應證了「兒童靠遊戲表達情緒，靠遊戲表達思想，靠遊戲描述生命中的一些重要經驗」

 以下是一些很有趣的例子：

即將要住院動手術的小朋友的遊戲內容，

他連續玩了三次同樣的遊戲內容…

一開始，他將一些醫療、診病、治療的玩具拿出來玩。遊戲的主題就是「一個小朋友要動手術的遊戲內容。」

但有趣的是，第一次遊戲玩到要動手術時，突然發生地震，導致醫院停電，所以手術必須暫時取消。他將醫療器材及即將動受術的小朋友玩具收了起來！

沒多久，他又玩了第二次同樣的遊戲內容。

但這一次要動手術前，改成颱風來了，一樣的又沒有辦法動手術了！

第三次則是要動刀開手術的醫生堵車在路上來不及到醫院。所以也沒辦法開刀動手術。

　　各位，從這三次的遊戲的內容，孩子是不是已把他內心裡面的渴望、期待或是擔心、焦慮表達出來了呢？

✦ 兒童化妝遊戲

　　從圖片中不難瞭解，兒童玩著化妝的遊戲，很有可能是模仿她平日看到媽媽化妝時的過程。在一個友善接納的情境下，又有多元足夠的玩具及媒材，兒童就會被自己內在的需求所引領，玩出各種不同主題的遊戲，這也說明透過兒童自發的遊戲，可以讓我們瞭解兒童所感知到的世界，或是兒童所認同的事物為何，或是兒童生命中對他影響很大的事件，如父母離婚、親人過世、目睹家暴……。

✦ 兒童照顧遊戲

　　照顧娃娃的遊戲，可能是呈現兒童被照顧的經驗，也可能是玩出兒童內心的期待。

　　總之，兒童遊戲的過程及內容是非常重要且有意義的。爸媽可以運用「遊戲」來展現、培養孩子的優勢，透過「遊戲」

讓孩子充分地表達他內在的想法與情緒,更重要的是在這個過程又能增進親子關係,爸媽也可以透過觀察孩子自發玩出來的遊戲過程與內容,進而更瞭解孩子的內心世界。

三、因為是遊戲,孩子更可以放鬆的表達心中負向的經驗與情緒

可曾聽過孩子說「我是在玩的」,尤其是當兒童說了或做了不被接受的事情時,兒童經常會以「我是在玩的」這句話來當藉口。其實這是一個很重要的心理動力機制。「因為是在玩的,所以不要當真,因為是在玩的,所以比較沒關係。」兒童在遊戲過程中也就是在玩的,所以,可以比較放鬆的投射或表達出生命中的負向經驗。

再者,就是因為是在遊戲,是在玩玩具,是在畫圖、是在編故事或演戲,這些活動都是透過玩具、布偶、媒材來表達,兒童不是直接地講自身的經驗或負向情緒,這樣的過程是比較不具威脅及壓力。

在成人世界中,若要諮商或諮詢一些個人較難啟齒的問題時,常會說「我幫一個很好的朋友問的…」,之所以要如此,就是要避免不要太難堪或太有壓力。透過這樣的說明,大家應該體會透過玩具及遊戲,更容易讓兒童玩出他生命中那些不易開口的經驗或情緒。

　　右邊作品是一位情緒困擾兒童運用黏土所創作出來的作品，兒童將它取名為「爆發的火山」，從這個作品的名稱及作品內容，可以推測出憤怒、生氣可能是他生活中常出現的一些經驗，但因為是在玩黏土，所以可以盡情的透過搓、揉、壓、捏等方式，安全且放心的表達心中的憤怒與生氣。

　　更有趣的是，當兒童透過遊戲充分的表達其情緒時，他卻也在遊戲過程中學習到了自我掌控，看他將這些黏土掌控的如此有秩序，這個過程對兒童而言是相當具有治療效果的。

　　有一次筆者應邀到外地開遊戲養育的工作坊，主辦方來接筆者時，車上同時也坐了三個小朋友。我印象很深刻的是，其中一個大概三歲多，年齡最小的小女生，看到有客人上車時，顯得非常興奮。然後就跟旁邊的另外一位小男生說：

　　「等一下！我們來玩遊戲！」
　　「好啊！那要玩什麼遊戲呢？」小男生說。
　　「我們來玩吵架的遊戲。」小女生開心地回應。

筆者當時聽了很驚訝，回頭看一下這個小女生，她長得非常的清秀可愛，但筆者心裡想的是「她為什麼要玩吵架的遊戲呢？」

各位，你覺得這三歲的小女生為什麼會如此特別的要玩一個吵架的遊戲？你想是不是她的家庭經常出現這樣的現象呢？

若你有機會看這小女生玩的吵架遊戲內容，我想你會對她有更多的瞭解，甚至你可以瞭解「吵架」對這小女生有哪些影響？

簡言之，透過玩具及遊戲，提供了兒童在一個接納的氣氛中自由表達和探索的機會，加上瞭解遊戲式教養的陪伴者敏銳及適切的反映，都能夠使兒童感受到被接納、被瞭解，讓兒童很自然的抒解其心中的情緒或壓力，同時也學到掌控，這樣的遊戲歷程，兒童會越來越有自信與自尊。

透過上述說明，各位讀者對於玩具、遊戲以及遊戲治療，是否更有概念或感覺呢？歡迎各位與我們一起成長，學習如何透過玩具、遊戲進入兒童的內心世界。

再次強調，掌握遊戲「輕鬆」與「自在」的內涵！請爸媽不要太嚴肅，也盡可能不要指導孩子怎麼玩？如何玩？容許孩子在「完全可以行使自己的意志」的情境下玩遊戲，你只要在旁欣賞與反映孩子做的不錯的地方。

例如：

「你好開心將拼圖完成了！」
「你很專心的利用這些積木擺出了一個城堡。」
「你畫了一棵樹、小花和兩隻小白兔。」
「你好奇地將兩種顏色混在一起，結果變出不同的顏色了」……

放眼古今中外，一位成功者之所以成功或比別人有成就，絕對不是因為他的數學、英文、國文…的成績比別人好，而是他比別人更積極、樂觀、自信、負責、抗壓力高…，亦即他有好的品格或態度。而要養成這些好的品格，通常是從外在的鼓勵、肯定，逐步內化進而成為他的品格或態度。

當你在孩子很輕鬆自在且開心的遊戲過程中，反應出他做的不錯的行為與態度，這些態度與行為就會逐漸被內化成為他的品格或態度。這也是遊戲式教養的一個重要觀念。

記得！兒童的遊戲過程、玩的玩具都與他的優勢有關。讓孩子的優勢透過遊戲自然地成長發展，當然對孩子是非常有益的！

2

教養的兩難與挑戰

── 談遊戲式教養之孩子的心理需求 ──

既要滿足孩子的「親密」，又要讓他有足夠的「自主」

　　教養是一個大學問，因為我們面對的是一個一直在成長，一直在變化的個體。教養孩子讓我們的生命更豐富、更多采多姿，但這些豐富與多采多姿要我們去經營與耕耘。

　　本章節要跟大家分享，孩子為什麼會出現讓我們無法接受或生氣的行為呢？孩子不是最善良的嗎？是的，孩子是善良的！但孩子是需要被瞭解的！當孩子的行為一直讓大人困擾時，請靜下來思考：孩子內在的心理需求是什麼？

　　很多家長不解，當小孩表現出不被允許及不被接受的行為時，常會換來大人們的提醒、責罵、訓誡，甚至處罰。大人認為被責罵處罰之後，理當不會再出現所謂「不好的行

為」才對！但為什麼孩子還是經常出現那些「不好的行為」呢？

相信大家都有類似這樣的經驗，經常叫孩子吃飯吃快一點，叫他趕緊去洗澡，催促他動作快一點等等，可是這些孩子的行為並沒有因為家長的提醒，而變得符合家長的期待。若是更嚴重的偷竊、說謊、打人、不寫功課、翹課等行為，可能換來更嚴厲的責罵或體罰，但怎麼還是不見孩子修正改變呢？！

閩南語有句話說：「嚴官府出厚賊，嚴父母出阿里不達。」意即：嚴厲的官威會造成更多的賊寇；嚴厲的父母可能教出沒有能力的孩子。

遊戲式教養則強調「先停止無效的管教方法」。

一、先停止無效的管教方法

孩子生活中的一些壞習慣或偏差行為，多少都存在於每個家庭中，若各位家長發現針對孩子的某個小毛病或行為，超過三次的處罰都不見改善時，應首先停止之前那些無效的管教方法！因為這些「提醒、責罵、訓誡甚至處罰」若是有效，這些小毛病或偏差行為早就修正了。當超過三次無效管教時，若還繼續的提醒、責罵、訓誡，甚至處罰，都變成是在「注意」及「強化」那些孩子「沒有」做到的行為。久而久之，這些負面的評價，可能內化成為兒童負向的自我概

念，那對兒童會有很大的負面影響。

　　一個小學一年級的小男生，媽媽表示孩子每次寫作業，大概寫個3-5分鐘之後就開始東摸西看，不然就是起來上廁所、喝水。總之，一個10分鐘可以完成的作業，孩子經常寫了30分鐘也寫不完。

　　媽媽經常一邊忙家務，一邊不忘提醒孩子專心寫功課。

　　媽媽曾試著用提供獎品的方式，期待孩子能專心寫功課：「小明，你今天如果20分鐘就寫完功課，就可以多看一集你喜歡的動畫片了哦！」

　　有時候，看到孩子依然沒有專心，便會開始指責，大吼孩子：「小明，不要再玩橡皮擦了，專心寫功課！」「不准喝水，寫完功課才可以喝水！」

　　上述過程，你覺得熟悉嗎？筆者不能說用了提醒、獎品鼓勵或責罵一定無效，但筆者要強調的是，若你的提醒、獎品鼓勵和責罵的方式，用了超過三次以上都不見效果，筆者就強烈建議要先停止無效的管教方法，在後面章節將介紹正確有效的方法。

　　小齊是一位已經讀國中的大男孩，原本是一位害羞內向的小男生，當他讀國中後性情丕變，翹家、打架、滋事，樣樣都來。大人們都想著：為什麼會變得如此糟糕呢？是什麼讓他有如此嚴重的行為問題，成為全校最頭痛的學生呢？小

齊真的那麼壞嗎？

在輔導過程中，筆者想對他內在有更深一層的瞭解與認識，在某次見面時應用所謂「語句完成」的一個活動，邀請小齊填寫一些句子。填完之後，更說明了無效管教方式對孩子會有很嚴重的傷害。

小齊性情丕變一個重要原因，就是父親一直以無效的管教方式教育他，不斷地以打罵的方式管教小齊。

小齊在某幾題的內容呈現如下（前面的文字是題目，後面的部分是小齊填寫的內容）：

1. 在家裡　容易被罵。
2. 我最討厭的　莫過於被別人誤會或責罵。
3. 我希望　我可以停止想逃家的心理。
4. 我的父親　從不想過我的感受，只會罵人囉唆，這樣只會讓我更叛逆！
5. 我覺得　弟弟要好好讀書，不然每次他被罵，永遠都會牽連到我這裡。
6. 使我生氣的是　父親罵人時候的口氣語調。

從這六題發現小齊的叛逆、逃家的原因源自於父親的責罵！一直罵一直罵，罵到最後只是讓小齊更叛逆。

　　若是爸媽不罵、不打、不講，那接下來要怎麼做呢？本書後面的章節，筆者將介紹一些可行的技巧與態度，希望能提供給各位爸媽一些基本但卻是重要的方向。

　　特別是在平常的生活互動中，要開始學習去注意兒童「有做到」的行為，因為筆者相信，當孩子在生活中，正向的、有做到的回饋越來越多時，其負向的行為自然就會減少。幾句適當的回應提供參考：

　　「爸爸，小明今天一回到家就把襪子脫掉，並丟到籃子裡。」
　　「喔！真的喔！小明開始做到很多我們要求他做到的行為囉！」

　　「爸爸，你看姐姐已經吃了三口飯了！」
　　「嗯！我有看到，真的，又再吃第四口了！」

　　總之，重要的結論是在平常生活中，「我們要將焦點去注意孩子有做到的行為」，這個技巧會在本書中不斷地出現，因為它太重要了，希望各位讀者在不同的章節及不同的脈絡中閱讀時，能更全面的瞭解此技巧的重要性。

二、教養孩子就從瞭解孩子行為背後的心理需求開始

在日常生活中，我們與孩子互動的基本原則，就是要去注意「孩子有做到的行為」。但另一方面，若你的孩子經常出現一些嚴重的情緒或行為困擾，如嚴重賴皮、易怒、大聲哭鬧、咬指甲、極度沒有安全感、不寫功課等的困擾時，就不適合去注意孩子有做到的行為，因為有可能反而鼓勵了不適當的行為。此時，每位家長可能要深入的思考，孩子那些不斷重複出現，讓你困擾的行為背後，可能有哪些的心理需求？因為孩子的每個行為背後都有他的動機、期待或渴望。當孩子內在的這些動機、期待或渴望被瞭解、被滿足時，不僅能讓這些嚴重的情緒或行為困擾緩解，也能讓親子或師生關係變得更好。當心理需求被瞭解、被滿足之後，孩子將會更為成長。

多年的兒童工作實務經驗，筆者將孩子的心理需求歸納出「親密」與「自主」兩大心理需求。兒童的所有行為中，不論是爸媽期待的行為或不被爸媽接受的行為，其實都是想從爸媽那邊滿足「親密」與「自主」這兩個心理需求。

因此，各位爸媽在管教上既要滿足孩子的「親密」需求，也要讓孩子感受到足夠的「自主」。

（一）孩子「親密需求」的沒被滿足是困擾的開始

基本上，每位孩子內在都有兩個很基本的心理需求，就是「親密需求」和「自主需求」。

「親密需求」就是一種被呵護、被照顧、被看到、被注意的需求。

「媽媽你看，這是我做的！」孩子說。

媽媽忙著自己的事情，無暇回應孩子

「媽媽看我啦！」

媽媽仍忙著自己的事情，沒回應孩子

「媽媽你都不愛我！」孩子生氣的說。

「怎麼會！媽媽很愛你的啊！」媽媽這時總算放下手邊的事情，緊張的對孩子澄清。

「才沒有！」孩子還是不大高興地回應。

「那你告訴媽媽，你怎麼覺得媽媽不愛你？」媽媽看著孩子問。

「因為，你都不看我！」孩子總算把心中的委屈說了出來。

正向的親密需求就是被關注、被滋養、被照顧，但孩子有時為了被看到、被注意，導致他們在得不到正向的親密需求時，他們就會轉而以不好的行為換來「被責罵」、「被處罰」的負向親密需求，雖被責罵，但至少他被注意到、被看到了！

由此可知，孩子為了滿足親密的需求，當得不到正向的注意與看到時，他會轉而用負向的行為來得到父母的注意！

以下摘錄一位上過遊戲養育學員，在生活中的一則應用分享：

我的外甥女叫小語。有一天小語看到桌上有一包棉花糖，旁邊還有一隻竹籤，想要吃烤棉花糖的她，便拿起竹籤要把棉花糖串起來，但試了一下，沒能成功。這時我走到小語身旁。

「哇～這棉花糖看起來好好吃喔」我看著小語說著。

「對呀！阿姨，你看這個要用竹籤插起來，去烤一烤，很好吃的喔！」小語說著說著，又接著再動手拿竹籤，另一手隔著包裝袋按住棉花糖。

「竹籤已經穿過去一點點囉～」我看著小語說。

「哇！已經快穿到另一頭了！」

「我已經很用力了，可是棉花糖好難穿過去喔！」小語有點沮喪地說。

我一直持續的反映。小語終於穿過去了。

「哇～穿過去了耶！真是太棒啦！」我帶著興奮的音調反映。

小語拿著穿過去的棉花糖開心的向我展示。接著就將棉花糖拿去烤。

從上述情境可以得知，就因為「竹籤已經穿過去一點點囉！」「哇！已經快穿到另一頭了！」等反應，讓孩子覺得被看到、被注意，也就使她願意繼續努力地用竹籤穿過棉花

糖，最後很開心地展示她努力的成果。

再舉個生活中常見的例子：

小明三歲，一個人乖乖的吃早餐，媽媽忙著照顧未滿一歲的弟弟。接下來，小明吃飽了，一個人不曉得做什麼。
「媽媽，你來陪我玩！」
媽媽忙著照顧弟弟，沒能理會小明。
「媽媽，你來陪我玩！」聲音開始變大了。
媽媽仍沒能理會小明。
「媽媽，你來陪我玩！」小明開始大聲哭泣了
「等一下啦！」媽媽總算有理會了、

各位爸媽，你覺得接下來小明會安靜嗎？

當然不會。

通常接下來，小明會開始更大聲地哭泣，甚至做出一些不好的行為，如丟碗筷、躺在地上……直到媽媽過去。有些媽媽會過去安撫孩子，有些則是加以責罵，或是有安撫也有責罵。這樣的事件通常結束在媽媽過去之後…不管是過去安撫或是責罵。

在上述過程中，小明渴望得到媽媽的注意與看到（親密需求），但一直都得不到，直到大聲哭鬧之後，媽媽開始注意與看到了。事件之所以會結束，就是因為媽媽過去了！即

使過去後是責罵或安撫，這個責罵或安撫仍都是在滿足孩子「親密」的需求，但同時也讓小明學會了，就是要大聲哭鬧，才能得到媽媽的注意（親密需求）。

各位爸媽有看懂筆者要表達的概念嗎？不管是安撫或是責罵都已滿足了孩子親密的需求。即使是被責罵，孩子也要。所以，從親密需求的概念衍生出來的一個實操原則，就是「注意到孩子的什麼行為，那個行為就會被保留下來」。經常指責、數落孩子不好的行為，為什麼不見改善？因為就是這句話，「注意到孩子的什麼行為，那個行為就會被保留下來」，聰明的我們就要換個角度，多去反映孩子有做到的行為，雖然是「有做到但還不夠好」，那更要將焦點放在「有做到」的那部分，而非「還不夠好」的那部分。希望大家更清楚重點。

因此，請各位爸媽省思一下，你的孩子若有哭鬧、賴皮、手足競爭、拔毛、咬指甲等情緒或行為，其內在「親密的需求」是否已被滿足？若你也覺察孩子真的是想要「親密的需求」，請記得！你要在孩子出現不好行為時，就用你的行動滿足孩子的親密需求。就前述小明例子而言，父母需在平時找出時間陪孩子，讓親密需求在平日已充分滿足，所以當媽媽忙於照顧弟弟時，孩子才不會也要吵著要媽媽陪。

以下是摘錄一位上過結構式遊戲治療工作坊學員親身的實操經驗分享。由於她有一位自閉症加過動症的兒子，所

以，過去的她花了絕大多數的時間在兒子身上，於是她長期忽略了女兒。女兒很乖巧，並沒有不滿或口語埋怨，但就是天天夜裡都做惡夢。身為媽媽的她也不知該怎麼幫助女兒。直到上了筆者的工作坊之後，她瞭解如何在忙碌之餘，仍然有方法來滿足女兒的親密需求。

工作坊成員的分享：

回想起那一段剛開始接觸遊戲治療的日子。

那是2013年12月初。我參加了如安老師主講的「結構式遊戲治療工作坊」。兩天的課程，讓我重新記起「同理和接納孩子的情緒」是多麼的重要。我經常忙於照顧和教育我的特殊兒子，而忽略了女兒，也忘了同理和接納她的情緒。這個適時的提醒，猶如當頭棒喝。

我把時間和重心都放在訓練兒子，常常心力交瘁，沒有把時間平均分給兩個孩子。女兒看在眼裡，內心的不滿也沒有機會宣洩出來，她表現出來的反而是特別的懂事和乖巧，不會令我操心。我也一直覺得很欣慰，獲得如此乖巧的女兒。日子久了，我想她也壓抑得很辛苦，不曉得從她幾歲開始，幾乎每個晚上，她總會在睡夢中驚醒過來，夾雜著一陣子的哭喊聲。我總得安撫她一陣子後，她才能入眠。第二天提起時，她完全沒有印象。這樣的日子，也過了一段頗長的時間。

初階遊戲治療工作坊後，我開始運用布偶娃娃作為遊戲

的媒材，做正向的陪伴。我帶了孩子們去選購他們心愛的娃娃。他們各自選了一個娃娃。我讓他們自己替娃娃取名字。兒子替娃娃取了「湯姆」；女兒則替娃娃取了「安琪拉」。我告訴他們，娃娃就像是他們的好朋友、好兄弟或好姐妹，也可以是媽媽的象徵。如果他們遇到開心、傷心難過或生氣的事情時，都可以和娃娃分享。

當天晚上，我看見女兒跟「安琪拉」談心，講了一陣子的悄悄話。說也奇怪，當天晚上，她居然一覺到天亮，沒有在半夜哭啼，連續幾天也是睡得安穩。我心想，在娃娃的陪伴下，她能睡得安穩，真的不可思議。

我持續依著如安老師的教導，分別跟兩個孩子建構了一對一的的親子遊戲時間。

過了一段時間，娃娃骯髒了，我把它們丟進洗衣機清洗。雖然，我有事先通知孩子，也徵得他們的同意。不過，當天娃娃還沒曬乾，無法陪伴他們睡覺。當天半夜，我女兒又再次驚醒。第二天問她時，她完全沒有印象。這讓我更確信，在娃娃的陪伴下，她得到了安全感，也有機會抒發她的情緒，而睡得較安穩。這件事，讓我感受到一對一的的親子遊戲時間及布偶娃娃的神奇力量。

在上述的故事分享內容中，提到建構了一對一的的親子遊戲時間，以及為兩個孩子各自準備一個象徵著媽媽的布偶。這樣的介入的確可以充分地滿足孩子的親密需求。由於媽媽安排了每週一次的一對一親子遊戲時間，以及布偶娃娃

的陪伴，漸漸的，女兒終於能夠每晚都睡得很香甜。這都是因為女兒內在親密的需求及依附都得到充分的滿足了。

雖然媽媽只是建構一個每週一次的一對一陪伴時間，以及看似普通的布偶娃娃，但在實際操作上，還是有很多小細節要瞭解及落實，才能達到效果，請各位讀者繼續閱讀後面章節的內容。

（二）尊重與接受孩子的「自主需求」

自主需求是一種自己可以決定與選擇的需求。即使是小孩，也有當家做主的需求。像剛學會走路的小孩，對周遭的世界充滿好奇，所以就想要到處摸、到處跑。限制越緊，他會越想掙脫與抗拒。

孩子越大，自主需求就越強。因此，在安全及孩子能力所及的條件下，父母需要給孩子自主的空間與機會。孩子若被限制管控太多，通常一開始會是抗議、生氣、憤怒，接下來就會不服從管教、不聽話、不配合。若還是被父母壓抑住了，孩子可能會將這些情緒轉而內射，麻痹、忽略自己的感受，更嚴重的則是自我放棄或自我傷害。有的人會變得易怒、攻擊或指責別人，總覺得都是別人的錯，都是別人惹他生氣的。

過去曾經輔導一位資優的中學生，為了對家長及老師過於嚴格控制的管教表達心中的不滿，他就在一個重要考試時

故意交白卷。這個「不寫交白卷」行為就是很強烈的表達抗議，宣示我需要「自主」。有些孩子表現出不服管教、頂撞、違規等情事，其實有很大的可能都是在表達「我要自主」。若家長或老師沒能看到孩子的這個自主需求，一味地指責與限制，只會讓事情更惡化。我們若沒能尊重與接受孩子的「自主需求」，讓孩子在「自主需求」這方面得到平衡，各種管教技巧是很難奏效的。

分享一個筆者印象深刻的案例，他是一位未滿兩歲的小男生。

這位小男生之所以會來做遊戲治療，是因為只要一點點不順他的意，他就會用頭撞牆壁、撞地板，媽媽看到這麼小的孩子竟然會出現這樣的自我傷害行為，非常焦慮。

同樣的，筆者也覺得好奇與不解，為什麼這麼小的孩子會有如此強烈的自我傷害行為呢？當筆者更進一步的瞭解孩子的問題脈絡，與瞭解媽媽平日的養育態度時，筆者終於瞭解，為什麼這一個不到兩歲的孩子，會有如此強烈的自我傷害行為。

這個媽媽特別擔心孩子的安全與衛生，當孩子一歲多開始會走會跑時，就經常好奇地接觸周遭各種看得到、摸得到的物件，如地上的物品、插頭、插座、電風扇等等，媽媽既擔心危險，也擔心不衛生。所以，這位的媽媽就隨時隨地的監控著孩子行為，一發現孩子可能要去碰什麼東西或撿地上

的物品時，媽媽立刻在孩子還沒動作前就加以制止。久而久之，就變成了他們的一個親子的互動習慣，只要孩子有一些行為意圖要出現時，就會被媽媽禁止、制止。

一開始孩子就是哭、吵，但仍然受到媽媽強烈的禁止，後來就出現孩子用頭去撞牆壁、撞地板的行為。

其實這個行為的原因很簡單，因為孩子的自主需求嚴重的被壓抑了，使得他內在充滿憤怒與生氣的情緒，而這些憤怒與生氣的情緒又沒辦法紓解，久而久之，就發展出這種撞頭的自我傷害行為。

這邊再提一個跟前述兩個很不同的案例。

小潔是一個小學二年級的小女生。她在校的成績很優異,各方面表現也很乖，所有的老師都很喜歡她，老師經常在班級及家長群表揚她，要其他同學以她為榜樣。班主任還很器重的鼓勵她去競選中隊委，而且順利競選成功，學校的舞蹈社團老師也很喜歡她，還特意選她擔任了C位（重要）的位置。媽媽一直強調自己的孩子是其他家長心目當中的典型的學霸，成績很好，是讓很多家長羨慕的那種類型的孩子。

由上可知，小潔是一位非常優秀、聽話、認真學習的孩子，這樣的孩子怎麼也會有困擾到來進行結構式遊戲治療呢？我想很多人對於小潔的困擾即問題會感到驚訝。

1. 小潔從一年級下學期開始，每天早上就會經常提說害怕

上學，尤其害怕上數學課，上課很緊張之類的話，這學期的近兩個月，這種情況幾乎每天早上上學之前都會上演，不停的重複害怕上學，害怕上數學課，緊張之類的話。然而孩子去了學校也能正在上課，而且感覺很快就能適應，但第二天孩子早上還是會反復念叨。

2. 小潔的情緒每天都繃的很緊，據媽媽描述：「孩子每次考試都會很緊張，生怕自己考得不好，這樣別人會怎麼看？」「老師在學校批評別的同學，她也會覺得老師是在批評自己」。

3. 小潔這半年來變得容易發脾氣，據媽媽描述：有時孩子會因為一些小事大發脾氣，例如早上起床，爸媽每次叫她都會很小心翼翼，即便這樣有時也會鬧得爸媽頭大；有時在外面上興趣班，會把梳好的頭髮，弄的亂七八糟，媽媽不理解孩子為什麼這麼「做」，會去質問孩子為什麼要這樣，孩子便會更加的變本加厲。

從上述有關小潔困擾的描述，你大概也可以想像她在學校一定是一個很守規矩、聽話、乖巧的孩子。「守規矩、聽話、乖巧」相信是每位家長、老師期待孩子有的品性，但當孩子太有規矩、太聽話、太乖巧時，孩子的情緒就變得容易焦慮、緊張、擔心、害怕，這樣的狀態在持續一段時間，她的身心就會耗竭，就會像是一個繃緊的彈簧久了，就失去了彈性與彈力。這也使他容易因為小事而有情緒，因為她必須壓抑著在學校有的焦慮、緊張、擔心、害怕…等情緒。

為什麼小潔會變成這樣呢？我想除了小潔本身的個性氣

質就是屬於比較順服型的之外，父母的教養態度是一個關鍵。我就舉一個父母教養的例子。

　　父母對小潔的照顧是超級的細心和認真，就好比「怕新襪子會勒孩子的腿，都會把新襪子用針挑松了才讓小潔穿」。在結構式遊戲治療過程中，一次正巧是小潔的生日，因此大家為她買了一個生日蛋糕簡單慶生，當邀請小潔切生日蛋糕時，小潔主動說這是她第一次拿刀子，因為父母都不會讓她碰到或參與有一點點可能會受傷或危險的物件或動作。

　　就我個人的實務經驗發現，類似小潔這樣個案其實不算少，但不容易被發現，除非他已經在情緒或行為上出現問題。因為這類的個案一開始是能接受且遵守外在環境或大人的規範，甚至他們會內化為就是要做一個「乖巧、聽話、成績優異、能力強…」的孩子，「乖巧、聽話、成績優異、能力強…」不是錯的，不是不好的，但當一個人「太乖巧、太聽話、成績太優異、能力太強…」時，他勢必要壓抑、犧牲自己很多的需求、慾望，他不能隨所欲、自由自在地做他想做的事情，也就是他不能充分的滿足自己的「自主需求」。這長期下來一定會有問題的。

　　從小潔這個個案得知，我們要瞭解滿足孩子的「自主需求」是必要且重要的，尤其是當你發現孩子是比較屬於乖巧、順服的孩子時，你更要多創造機會給孩子做選擇，讓他學習到自己在某些事情上是可以當家作主，讓他學習到聽話、順福與表達自己的想法、意見，甚至是有不同的想法、

意見是不衝突的。

筆者要再次說明：平常與孩子的互動過程中，當我們的管教方式沒有效果時，請記得先停止無效的管教方法，並且學習將焦點注意到孩子有做到的行為。當孩子出現較嚴重的情緒或行為困擾時，請反思一下這些行為背後的動機、期待或渴望是什麼？我們是否忽略了孩子的心理需求？孩子「親密的需求」或「自主的需求」是否滿足了呢？我們要學習看到、注意到孩子的「親密需求」，以及尊重與接受孩子的「自主需求」。

在瞭解孩子親密與自主的心理需求之後，以下幾題簡單的情境，提供父母反思孩子心理需求為何？孩子的這個行為背後的心理需求是什麼？

以孩子哭泣的情境為例，同樣是哭泣的行為，孩子亦可能有不同的心理需求。更多的時候，是孩子內在的需求沒被滿足才會一直哭泣。所以，哭泣僅是一個表象，我們要深度地瞭解孩子真正的內在需求為何？

1 孩子想要得到父母的關注或肯定

孩子跌倒了看著父母，當父母也看著孩子，孩子確定媽媽也看到他了，孩子就開始哭泣。

孩子的心理需求：此時孩子哭泣的情緒及行為，是因為

他一直渴望媽媽的關注與照顧，也就是要媽媽滿足他的親密需求。

② 孩子想要有自主決定的需求，但這個自主需求被否定、拒絕或忽略了

孩子想要去玩遊樂器材，但被父母禁止且要求回家不能再玩了，孩子邊走路回家邊哭泣。

孩子的心理需求：此時孩子哭泣的情緒及行為，是因為他自主的需求未能得到滿足。

③ 孩子要得到父母關注或肯定的同時，又很有自己的想法不願意被改變

孩子想要媽媽陪他玩玩具，但媽媽要去煮晚餐欲離去時，孩子開始哭著要媽媽留下來陪他玩，即使媽媽委婉地跟他說明原因，孩子仍以哭鬧、或拉著媽媽、或擋住媽媽、或以拒絕不合作等方式，不讓媽媽離開或不配合。

孩子的心理需求：親密需求未能得到滿足，轉而以哭鬧來表達心中需求未能被滿足的情緒，同時又以哭鬧拉擋或不合作、不配合等行為出現，這樣的內在動力是因為得不到親密需求，那我就行使我的負向自主行為來表達不滿。

4 孩子很有自己的想法要做，被制止後轉而黏著父母要父
母的關注

孩子很想出去玩，但被制止拒絕後，就一直黏著媽媽哭
鬧，在知道不可能出去玩了，更是黏著媽媽，媽媽走到哪，
就跟到哪？

孩子的心理需求：孩子的自主需求（出去玩）未能得到
滿足，尤其在確定一定不能出去之後，內心可能有難過委屈
或生氣等情緒，轉以要媽媽的關注等行為來撫慰他難過的
心。

以上的反思練習，不是要解決孩子哭鬧的問題，而是要
大家試著去瞭解孩子的心理需求及心理動力，當能瞭解孩子
行為背後真正心理需求之後，再配合後面幾章的內容及技巧
反應，就能更有效的處理孩子的困擾。

💡 我們一起想一想

孩子最近一次的生氣發脾氣是發生了什麼事情？

現在想想，其實孩子的生氣發脾氣是要⋯⋯

◆ 能得到父母的關注或肯定。

◆ 自己想要有自主決定的需求，被否定拒絕或忽略了。

◆ 孩子未能得到父母的關注或肯定時，生氣發脾氣，伴隨著不合作、不配合或掌控的行為。

◆ 孩子很有自己的想法與做法，但被制止後，轉而黏著父母要父母的關注撫慰。

孩子最近一次的倔強不順從是發生了什麼事情？

現在想想，其實孩子的倔強不順從是要⋯⋯

◆ 能得到父母的關注或肯定。

◆ 自己想要有自主決定的需求，被否定拒絕或忽略了。

◆ 孩子未能得到父母的關注或肯定時，倔強不順從，伴隨著不合作、不配合或掌控的行為。

◆ 孩子很有自己的想法與做法，但被制止後，轉而黏著父母，要父母的關注撫慰。

孩子最近一次的賴皮不聽話是發生了什麼事情？

現在想想，其實孩子的賴皮不聽話是要……

◆ 能得到父母的關注或肯定。

◆ 自己想要有自主決定的需求，被否定拒絕或忽略了。

◆ 孩子未能得到父母的關注或肯定時，賴皮不聽話，伴隨著不合作、不配合或掌控的行為。

◆ 孩子很有自己的想法與做法，但被制止後，轉而黏著父母要父母的關注撫慰。

孩子最近一次的擔心害怕是發生了什麼事情？

現在想想其實孩子的擔心害怕是要……

◆ 能得到父母的關注或肯定。

◆ 自己想要有自主決定的需求，被否定拒絕或忽略了。

◆ 孩子未能得到父母的關注或肯定時，擔心害怕，伴隨著不合作、不配合或掌控的行為。

◆ 孩子很有自己的想法與做法，但被制止後，轉而黏著父母要父母的關注撫慰。

Chapter

3

媽媽 妳在嗎？媽媽 妳在嗎？媽媽 妳在嗎？

— 談遊戲式教養親子時間之建構 —

媽媽，再過兩天就是星期一，是你和我的秘密時間。
我喜歡你用這樣的方式陪著我！
因為這個時候，只有你和我，沒有弟弟在旁邊吵。

　　很多家長都有親身或耳聞這樣的經驗，就是小孩子睡覺的時候都一定要抱著他的「破棉被」、「破枕頭」或「娃娃」等才能安穩的入眠。若我們要將這些「破棉被」、「破枕頭」或「娃娃」等物件丟掉或換個新的給孩子，他們一定都不要。

　　更多的孩子在睡覺前，都要爸媽抱一下、親一下、說個故事或聊一下天，然後才願意上床睡覺。這類的活動看似平常，但儼然已經成為一個重要的睡前儀式，是孩子每天睡前必做的活動。

知道嗎？

孩子之所以如此依戀及重視這些物件或儀式般的活動，就是因為這些物件或儀式般的活動，都提供孩子很深的安全感。剛出生的嬰兒從依附著媽媽，逐步會坐、會爬、能夠走到離開媽媽視線的過程，除了是身體功能的成熟成長之外，更是心理安全感建立的過程，主要照顧者（通常是媽媽）在此過程若能照顧夠好的話，孩子的安全感及情緒穩定度就會相對比較好。

筆者寫了這樣的一首詩

媽媽 妳在嗎？ 在
媽媽 妳在嗎？ 在
媽媽 妳在嗎？ 在
…
媽媽 妳在嗎？……我知道妳在

媽媽 妳在嗎？ 在
媽媽 妳在嗎？ （不在）
媽媽 妳在嗎？ 在
媽媽 妳在嗎？ （不在）
…
媽媽 媽媽 妳到底在不在？

媽媽　妳在嗎？　（不在）

媽媽　妳在嗎？　（不在）

媽媽　妳在嗎？　（不在）

…

媽媽～　唉！我知道妳不在！

上述三個小段，筆者用很簡單的文字來傳遞如何做好一個優質的陪伴。

第一段傳遞著，照顧者能夠讓孩子感受到需要你的時候，多數時間你都「在」的這種經驗時，孩子就會很有安全感。

第二段是照顧者的照顧品質不穩定，有時能滿足孩子需要你的需求，但也經常忽略了孩子的需求，這種「時有時無」不穩定的關係，可能會讓孩子充滿焦慮。

第三段則是一直都未能滿足孩子的需求，那孩子就會成為一個疏離、疏遠甚至冷漠的人。

本書介紹的遊戲式教養強調要建立一個優質的親子關係。希望家長都要能做好這個「在」，這個「在」其實是一個隱喻。這隱喻的內涵包含了可預期的、穩定的和情感連結等內涵，容筆者再根據這三個內涵做進一步的說明。

1 可預期的

這是建立孩子安全感及穩定關係相當重要的一個元素，亦即孩子很清楚知道什麼時候媽媽一定「在」，例如睡覺醒來的時候，我一出聲音叫「媽媽」，媽媽很快就會出現。我在外面跌倒受傷時，回到家媽媽會照顧我、幫我擦藥。

筆者看過一則故事是這樣寫著。

當有家人晚上還沒回到家時，門口的燈一定會打亮著，就是在告訴那位未歸的家人，我們都在等著你，你有需要時絕對是可以回家，家可以給你滋養、支援與溫暖。

由此可知，為何那些「破棉被」、「破枕頭」或「娃娃」及睡前的儀式是如此重要，因為這些物件或活動都是固定有照顧者（媽媽）的出現，這絕對是可預期的。

2 穩定的

指這個「在」是可以預期會出現之外。媽媽是情緒平穩地出現「在」這個過程。過程中爸媽是平穩的、可信任、可依賴的，不是喜怒無常或讓人捉摸不定的。

受虐兒童回到家時，經常是戒慎恐懼充滿焦慮的，孩子不知道爸爸今天的心情如何？現在看起來是平靜或開心的，但不保證下一秒也是這樣的，所以，當然就充滿焦慮。

③ 情感連結

指在陪伴過程中是情感導向的，不是目標導向的。在引導孩子學習或指導孩子一件任務，例如讀書、寫字、練琴、練舞等都是一種學習。遊戲式教養「在」的內涵是在滿足孩子的心理需求，比如陪孩子睡覺、講故事給孩子聽，不是在教導或指導孩子，而是在陪伴與滿足孩子的心理需求。

接下來筆者想以一個反面例子來讓各位家長更理解遊戲式教養「在」的內涵，因為很多爸媽以為，每天都在家就是做到了「在」。

情境 孩子邀請媽媽陪他玩或讀故事，媽媽正好有事情在忙，沒能陪他玩。

媽媽，陪我玩！
等一下！

過沒多久，孩子又跑過來。
媽媽，已經等一下了，陪我玩！
唉！媽媽還在忙，再等一下！

又過沒多久，孩子又再跑過來。
媽媽，已經等一下了，妳趕快陪我玩啦！
你怎麼這麼煩！講不停喔！媽媽還在忙，再等一下！

到了第三次時，家長可能因為還在忙著事情，而孩子卻仍三番兩次地來吵著陪他玩，導致家長也煩躁起來，結果可能就是媽媽很有情緒地回應孩子，孩子也很失望、難過或生氣地不再要求媽媽陪他玩。這樣的互動過程，雖然家長都在家，但卻沒有滿足孩子的需求。若家長偶而有空就會答應孩子陪他玩，但有時又因忙碌而造成前述這樣的結果，那家長就變成有時「在」（滿足了孩子的心理需求），但有時又不「在」（雖然你人在家，但你未能滿足孩子的心理需求），所以這樣的親子互動，就會讓孩充滿焦慮或負面情緒。

透過上述說明，相信各位爸媽大概比較明白，媽媽妳「在」嗎？這個「在」的內涵。

遊戲式教養「在」的理念引領下，提出兩個具體做法。

第一，鼓勵每位爸媽要創造一個固定的時間，很穩定規律的陪伴孩子，我們可以稱此時間為媽媽與＊＊的「秘密時間」、「特別時間」、「親密時刻」……當我們將此時間建構的讓孩子可以預期那個時間一到，就是爸爸或媽媽陪他的時間，然後在陪伴過程中，融入本書教導的一些觀念及技巧，相信你的孩子會越來越有自信、自發，且更能主動負責。

第二，要有明確的「界線」。

「界線」是一個非常重要的議題。沒有了「界線」，所

有的養育技巧及方法都是沒能奏效的！很多的演講內容或有關教養和育兒的書籍，都告訴你要接納孩子，尊重孩子。但你怎麼可能每件事都順著孩子呢？我們不也強調孩子要有規矩嗎？現在經濟水準提升了。大家都非常關注孩子的養育，經常是一個孩子一堆大人在照顧，變得寵愛有加，但規範不足。因此，如何在又能尊重孩子，但又能有效規範孩子之間，找到一個平衡點呢？

筆者做一個這樣的破題，就是希望享受自由之前，要先確定好界線。也就是說當有明確的界線之後，孩子才能夠充分擁有自由的空間。沒有明確的界線，就不可能有什麼愛的教育、民主的養育，筆者也一直強調高品質的陪伴，就是要滿足孩子親密與自主的兩大心理需求，但若沒有明確的界線就無法滿足孩子的這兩大心理需求。

首先，來說明什麼是「界線」。

以馬路上的交通標誌來做說明。所謂「紅燈停綠燈行」、「行人穿越馬路走斑馬線」，這些紅綠燈、斑馬線就是「明確的界線」，大家都遵守這些界線的時候，所有的用車人、行人都覺得順暢、安全。若路上沒有這些紅綠燈、斑馬線等「明確的界線」時，所有的行人及用車人都會覺得很混亂、沒有安全感。

又如學校上下課、上放學時的鐘聲，可以讓整個學校的運作變得井然有序，這就是「界線」。

瞭解「界線」的概念之後，筆者要澄清的是若生活中沒有了界線，生活一定亂，但有了界線也不一定就會變得井然有序，要讓界線產生功能，必須符合以下幾個標準。

1 界線的設定與說明要具體明確，就是要量化與標準化，每個人收到的訊息是一樣的。

「媽媽，講故事給我聽！」
「好的！等一下媽媽就過去講述給你聽。」
「媽媽，快來啦！」

「爸爸，我可不可以玩玩具？」
「作業寫完了沒？」
「寫完了。」
「好！那可以，但只能玩一下喔！不能玩太久。」

「小寶，你電視看多久了？」
「才看一下子而已。」
「一下子嗎？我看你已經看了好久了。」
「誰說的，人家才看一下子而已。」

你聽了以上三個生活中常見的例子，覺得怎樣？相信這樣的親子互動，親子兩人都不開心，這樣的互動狀態日積月累，就會嚴重影響親子關係。

　　為什麼會這樣呢？很間單，因為類似「等一下」、「一下子」都是一種感覺，每個人不一樣。孩子的「等一下」、「一下子」和你的「等一下」、「一下子」是不一樣的。

　　要讓你更能有效設定界線就是用具體的資料來量化。例如：

　　「媽媽，講故事給我聽。」

　　「好的！再10分鐘，媽媽就過去講故事給你聽。」

　　「好！那可以，但只能玩30分鐘！也就是4:10，然後你就要去洗澡了。」

　　「你只能再看10分鐘，因為你剛才從3點就開始看了，現在都已經3:50了。」

　　有了上述的瞭解之後，你就可以更積極的在執行某些重要事件時，很具體地把時間界線告知孩子。筆者在養育自己孩子過程中，特別注意以下幾個時段：1.孩子每天都該培養的閱讀與作業時間。2.容許孩子有自主的自由時間。3.重要的生活作息時間。

　　「每天晚上8:00-9:00是全家的閱讀與作業時間。」

　　「每天6:00-6:30是洗澡時間，要完成洗澡這件事。9:30是就寢時間，9:30前躺好，媽媽就過去講一本繪本故事。」

「星期六、日下午的3:00-4:00，如果作業都已經完成，那就是你的自由時間。」

② 一致性

「一致」這個標準其實蠻容易理解的。「一致」有二個內涵：

第一個內涵是，當我們設定的一些界線之後，必須統一標準、很穩定一致的執行，絕對不要經常的更改與調整。試想如果閱讀時間換來換去，或有時規定30分鐘，沒多久又改為40分鐘，那會徒增很多情緒與混亂。

第二個內涵是執行者的一致性，這是很關鍵，但也是最困難的。尤其是爸媽兩人一定要一致的去落地實踐。雖然有時爺爺奶奶會有不同看法，或破壞了爸媽定的界線，但也就因為這樣，爸媽更要一致的執行，爺爺奶奶才有可能配合，再加上只要爸媽更投入，影響力還是會比爺爺奶奶大。再換個角度來說，爺爺奶奶有時會破壞界線，此時若爸媽也不堅定實踐，那情形只會更糟。

③ 規律

規律的內涵就是界線的執行要持續一段足夠的時間，簡單說，界線要產生功能，就需要持續一段時間。這也呼應前述一致的內涵，因為穩定一致一段時間之後，就會形成一種

規律。筆者認為這過程至少要持續3個月以上的規律，就會內化成為孩子的一個好習慣。所謂「命好，不如習慣好」、「送子千金萬金，不如培養他一個好習慣」。

　　若能夠達到上述標準設定及執行界線之後，就會逐漸產生以下功能。

（1）落實明確具體界線，孩子就有規矩

　　有了具體明確一致的界限之後，會變得很有秩序，基本上就不太需要規範了。反而是沒有了界限才需要規範；就好像紅綠燈壞了，才需要交通警察出來維護秩序。

　　舉一個例子來說好了，如果孩子小的時候，就已經養成每天晚上8-9點的閱讀時間。此時，這個8點、9點就是一個明確的界線。每天8點一到，孩子就很自然而然的到書房進行閱讀，都不用家長提醒，更不需要吆喝責罵。

　　所以，請相信「**落實明確一致的界線，孩子就有規矩了**」。

（2）落實明確具體界線，孩子的情緒會更穩定

　　為什麼說具體明確的界線可以讓孩子情緒穩定？

　　「媽媽，講故事給我聽」

「好的！等一下媽媽就過去講述給你聽。」
「媽媽，快來啦！」

想想看上述這一情境，孩子的情緒是平靜的嗎？

孩子作業還沒寫，卻在客廳看電視，於是媽媽叫孩子該去寫功課了。

「小明，趕快去寫功課，別再看電視了。」
「好啦！再一下子就好了。」

我想過了十分鐘，孩子可應該還是坐在那邊看電視。

接下來會發生什麼事情呢？多數時候，都是爸媽很生氣的對著孩子說：

「我不是叫你趕快去寫功課嗎？」
「你不是說再看一下子就好了嗎？」

以上兩個經常在日常生活中的情形，親子是不是都被搞得很有情緒呢？反之，我們若有明確一致的界線，這種情形相對會少很多。

我們可以試著這樣說：

「好的。再10分鐘，媽媽就過去講故事給你聽。」

「你只能再看10分鐘，因為你剛才從3點就開始看了，現在都已經3:50了。」

「好！那可以，但只能玩30分鐘，也就是4:10，然後你就要去洗澡了。」

所以，請相信「**落實明確具體界線，孩子的情緒會更穩定**」。

（3）落實前後一致的界線，孩子的行為會更配合

界線前後要一致，比如說今天孩子吃完飯了，就坐到客廳看他的電視，今天爸媽沒意見。但第二天吃完飯了，孩子又跑去看電視，結果就被爸媽罵了一頓。接下來幾天，有時被罵，有時則沒事。這樣對孩子有很不好的影響。

孩子可能會變得很投機，嗯！今天試試看，因為又不是一定會被罵，如果沒有被罵，那就賺到了。

有些孩子則會變的很焦慮。因為有時候會被罵，有時又不會，這到底是怎麼一回事？

不一致的界線會教出一個投機取巧甚或容易焦慮的孩子，他的情緒當然是很不穩定的。若界線執行前後一致，孩子就不會投機，也知道一定要做，那他的行為就會越來越配合，而不會心存僥倖與投機。

所以，請相信「**落實前後一致的界線，孩子的行為會更配合**」。

（4）落實明確具體界線，讓孩子更有安全感

　　界線的執行持續一段足夠的時間，會內化成為孩子的一個習慣，是促進孩子情緒穩定與安全感的一個基礎。

　　以一個實際的例子來做分享。

　　1999年臺灣發生非常嚴重的921大地震，大地震之後，政府及各民間單位安置了很多災民。但最後還有將近30位的災民，一直找不到適當的地方安置。

　　後來發現只剩下一訓練軍人士兵營區還有一棟營房是空著，可以讓這30位災民住進去。但就有人想這30位災民身心剛受到如此大的創傷。現在把他們安置在這麼一個嚴肅的營區裡面，這對他們的身心狀況好嗎？

　　但若連基本住處都沒有了，還能奢談什麼呢？所以不得不將這30位災民安置於營區。

　　這群災民住進營區之後，每天早上6點，整個營區的起床號就響了。7點吃早餐、8點這些部隊的士兵開始出操上課、12點吃午餐、下午6點吃晚餐、9點熄燈就寢。剛開始的時候，這群災民只是勉強配合。但五天、一個禮拜以後，30位災民就慢慢習慣這樣的一個生活作息。

　　三個月之後，有一些心理衛生的人員針對所有災民進行身心狀況的調查，結果發現安置在這個營區的30位災民，他們的身心健康的恢復狀況是最好的。

　　所以，請相信「**落實明確具體界線，讓孩子更有安全感**」。

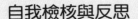

自我檢核與反思

忽略孩子心理需求的話語

「愛他，就從瞭解他做起！」很多關愛孩子的父母經常希望孩子不要犯錯，或是以自己經驗中的是非做為批判的標準。然而，如前文所述，孩子的每個行為背後都有他的動機、期待或渴望，例如：孩子表達不會做、不會寫、不敢一個人去睡覺，情緒化的丟碗筷、賴皮躺在地上等行為，就是一直要等到母親過來安撫，才有可能消失或緩解。原來這些行為都是孩子在表達內在有渴望被呵護、被照顧的「親密需求」；又如：父母長期以權威方式管教，孩子過於壓抑無法獨立，一開始可能是呈現退縮、沒自信、什麼都不敢做、不會做，但隨著孩子年齡越來越大時，開始轉而表現不服從管教、不配合，盡其所能的對立等行為，這些行為則可能都是孩子發出對「自主需求」沒被滿足與尊重的抗議訊號。

孩子的行為常是爸媽管教態度的「照妖鏡」，因為爸媽平常是用怎樣的言語與孩子互動，久而久之，就會形塑孩子成為是一個自信、或退縮、或對立特質的孩子。因此，不得不謹慎反思平日我們是用怎樣的言語跟孩子互動。

以下提出一些常見但卻是不經意忽略孩子心理需求的反應，讓我們一起自我檢核並反思，因為這些言語都會破壞親

子間的互動及親子關係。

1. 聽媽媽（爸爸）的就對了，不要意見一大堆！
2. 你看誰誰…多聽話！
3. 隨便你啦！我不管你了！
4. 長這麼大了，還要我幫你！
5. 吵什麼？當姊姊（哥哥）的，當然要讓弟弟妹妹啊！
6. 快去念書、快寫功課。
7. 你是男生呢！怎麼那麼愛哭！
8. 你（妳）可不可以像男孩子（女孩子）一點！
9. 成績這麼差，你上課到底有沒有在聽？
10. 跟你講幾次了，你怎麼都講不聽！
11. 交待你的事總是做不好，怎麼叫人放心！
12. 讀書有像「玩」這麼認真，就好了！

「忽略孩子心理需求的話語」範例對話

1.聽媽媽（爸爸）的就對了，不要意見一大堆！

情境 小哲和媽媽一起到書店選書。小哲想要買跟昆蟲相關
的科學叢書，但媽媽希望他選擇唐詩選集。

小哲：我好喜歡昆蟲，真希望能買這本昆蟲大觀。

媽媽：唐詩對考試有幫助，聽媽媽的就對了，不要意見一大
堆！

2.你看誰誰…多聽話！

情境 小玉正在寫學校的數學作業，媽媽要小玉幫妹妹換尿
布。

小玉：我現在沒有空，要再等一下。

媽媽：要妳幫忙都不願意，你看人家隔壁的小美多聽話，常
常幫忙照顧弟弟。

3.隨便你啦！我不管你了！

情境 爸爸和阿德正在討論替家裡的小狗造一間小屋，但是
兩人的意見不同。

爸爸：要用木材比較堅固，聽爸爸的準沒錯！

阿德：可是用回收紙箱比較環保啊！

爸爸：你很不聽話捏，隨便你啦！我不管你了！

4.長這麼大了，還要我幫你！

情境 小傑正努力的準備明天要上臺發表的旅遊心得報告。

小傑：不知道我講的好不好？媽媽可以來幫我聽看看嗎？

媽媽：長這麼大了，還要我幫你！

5.吵什麼？當姊姊（哥哥）的，當然要讓弟弟妹妹啊！

情境 小志的作業被弟弟小華撕破了，小志生氣的責罵弟弟，媽媽從廚房跑出來。

小志：小華太不應該了（小志生氣的說）。

媽媽：吵什麼？你是哥哥，當然要讓弟弟啊！

6.快去念書、快寫功課。

情境 在學校和好朋友吵架的小琪，放學後，坐在沙發上悶悶不樂。

媽媽：放學了也不快去念書、快寫功課。

小琪：沒有得到媽媽安慰的小琪，難過的哭了起來。

7. 你是男生呢！怎麼那麼愛哭！

情境 阿標在躲避球賽時漏接了一球，因此輸給隔壁班一
　　 分；放學時，媽媽來接阿標。

阿標：垂頭喪氣，不發一語，看到媽媽時竟然大哭了起來。

媽媽：你是男生呢！怎麼那麼愛哭！

8. 成績這麼差，你上課到底有沒有在聽？

情境 上課很認真的阿杜一直很怕數學考試，他非常認真的
　　 聽課，但是　最近老師教的雞兔同籠問題，他仍然一
　　 竅不通。數學小考結束了，阿杜請爸爸在考卷上簽
　　 名。

爸爸：手上拿著阿杜60分的數學考卷，大聲斥責：「成績
　　 這麼差，你上課到底有沒有在聽？」

阿杜：不知如何回應，心裡難過的想著：「我真的很認真的
　　 在聽課。」

9. 交待你的事總是做不好，怎麼叫人放心！

情境 小惠正開心地想要嘗試煎荷包蛋，沒想到爐火太大，
　　 荷包蛋煎的又焦又黑。

小惠：我覺得我只要多練習幾次，一定可以把荷包蛋煎成
　　　功。

媽媽：哎呀！交待你的事總是做不好，怎麼叫人放心！

10. 讀書有像「玩」這麼認真，就好了！

情境 阿源拿著投籃比賽的獎狀開心的跑去找媽媽。

阿源：媽媽，我告訴妳喔！我是我們班上投籃最準的神射手
　　　喔！

媽媽：讀書有像「玩」這麼認真，就好了！

遊戲式教養的具體實踐技巧

「建構親子時間」

準備篇：如何建構親子時間？

在你學習遊戲式教養的第一件事情，就是要邀請你回家後建構一段固定且有規律地一對一的親子時間，請掌握前面文章說明的內涵－－要讓這段親子時間是孩子可預期的，你的情緒狀態是穩定的、平穩的、可信任、可依賴的。若能建構起這樣的一段親子時間，就幾乎成功一大半了。然後再透過各種技巧的應用來陪伴與滿足孩子的心理需求，那一定能建立非常優質的親子關係，也可以培養出一位有自信、自尊、情緒平穩又能自我管理的孩子。因此，接下來會很具體的一步一步說明如何建構及一些重要的原則。

❀ 和孩子一起討論親子時間

親子時間是一個很特別的時段，就像有信仰者的飯前禱告、禮佛、誦經等等儀式，久而久之，透過這樣的儀式，很多信念就會深入他們的內心，進而讓他們產生力量。因此，親子遊戲治療的時間也需要固定且有規律。

訂定遊戲時間的基本原則：

（一）時間的決定要考慮孩子的一般作息與活動節目，避免在孩子生理、狀況不佳的情況下，或與孩子有興趣的活動相衝突的時間內。當然也不宜選擇造成家長困擾的時段，讓家長可以是輕鬆自在、沒有壓力的時段。

（二）讓孩子知道遊戲的時間是固定的，且是可預期的。亦即決定之後，原則上就不要再輕易更動。

（三）原則上每週一次，每次這30或40分鐘，大一點的孩子可以增長時間，重要的是在這段時間內，父母要儘量排除可能的干擾。如電話、手足的干擾……。

❋ 和孩子一起討論地點

適當和固定的親子時間地點，有助於活動的進行，也讓孩子學會遵守約定，最重要的是要協助他能區隔親子時間和其他時間的不一樣。

地點選擇的原則：

（一）非常鼓勵挑選在一個有明顯區隔或界線的獨立空間，例如家中的遊戲室。若是選擇在孩子的房間則要注意不會被其他物件干擾，如電腦、手機、作業等，避免影響陪伴的進行及互動。

（二）地點要能不被干擾，這樣才能讓孩子意識到這段

時間的重要與自己的特殊。不妨跟孩子一起做個告示牌：「遊戲中──請勿打擾」，以便掛在門上。

（三）空間不宜太小，但也不要太大，以免過於壓迫或容易混亂。

✳ 如何不被其他孩子干擾

親子時間一次只進行一位孩子，因此要如何不被其他孩子干擾，但又能照顧到他的心理感受，有幾點建議。

（一）讓其他的家人陪伴。

（二）公平分配不同的時間進行親子時間。

（三）安排於其他孩子不在的時候，例如上課、學才藝……。

特別要提醒的就是要照顧到每個孩子的心理感受，不要讓他們覺得不公平或委屈。

✳ 遊戲材料的選取

遊戲式教養的理論基礎源自於遊戲治療，我們深信孩子可以透過玩具與遊戲玩出他的生命經驗，玩出他的期待，玩出他的自信，下一章會提到。

「遊戲」，就是在「展現孩子自我的優勢」，就是「發展培養精進孩子的自信與自尊」。

　　「遊戲」，就是在「讓孩子的情緒充分表露」，就是「完全可以行使自己的意志」。

　　因此，我們鼓勵在這特別的親子時間內，準備適當的玩具供孩子選擇，要選擇怎樣的玩具呢？有以下幾點原則：

（一）不一定需要新的，但不要用損壞的玩具。可以將平日已經有的玩具拿到親子時間進行的空間擺設，讓孩子選擇。

（二）若玩具不容易搜集很多，則建議多利用各種藝術媒材。

（三）一些像刀、劍、槍、手銬、蛇、蟑螂等的玩具，通常一般家長不會購買給孩子，但為促進玩具的特殊感，及能讓孩子透過這些玩具表述一些負面的情緒經驗，我們建議只有在親子時間進行時，才將這些玩具拿出來能讓孩子玩。故可將這些比較特別的玩具收置在一個適當的紙箱內，只有在親子時間時拿出來玩。

（四）排除機械式且不會產生互動的玩具，例如電動玩具。

（五）玩具選擇類別大致可以根據下述六大類來準備。

　　1. 家庭／撫育／擬實物類：娃娃家族（父、母、子、女、嬰兒各一）、娃娃屋、動物家族（至少兩個家畜類、兩個野生類）、茶具組（至少兩人份）、奶嘴、奶瓶、絨布偶。

2. 恐怖／邪惡類：蛇、恐龍、鯊魚、蛇、蟑螂、昆蟲等。

3. 攻擊／情緒發洩類：可發射軟子彈的玩具槍、軟質塑膠刀劍、手銬、軟質球、童軍繩。

4. 創造／表達類：紙、八色彩色紙、鈍頭剪刀、膠水、色紙、黏土、膠帶。

5. 扮演類：醫藥箱、交通工具（救護車、警車、工程類車、垃圾車、家用車、校車、直升機等），電話、積木（易於堆砌及摧毀的類型），手掌布偶（最好是可張口之攻擊性動物）。

6. 其它：組合型創造玩具、棋類玩具。

❋ 如何開始與結束

在做好上述的準備工作後，要提醒各位家長如何開始親子遊戲治療，又要如何結束。

（一）將可能會中斷遊戲治療的各種因素事先排除掉，例如記得讓孩子在未開始遊戲時間之前，先去洗手間。

（二）具體明確的告訴孩子可以玩多久。例如現在長針在3，等一下到9的時候，我們就要結束。

（三）在結束遊戲前5分鐘，給孩子一個提示，不要延長結束時間超過2或3分鐘。

✿ STEP BY STEP

（一）步驟一：先根據上述原則，決定1-2個可能的時間、地點。

（二）步驟二：若家裡還有其他小孩，則要取得家人同意來協助你照顧另外的孩子。

（三）步驟三：單獨和這個孩子一起討論遊戲時間。

試著這樣說：

小明，今天如安老師說：要媽媽回家找一個時間固定陪你玩遊戲。你覺得怎樣？

為了讓媽媽能和小明很固定且規律的陪你玩，所以，現在有關時間、地點和玩具的一些相關事情，媽媽都要和你討論，最後還要和你簽約，表示我們兩人都要負責，不可以騙人。

因為…所以，我覺得_____和_____這二個時間是很恰當的，由小明來決定一個。不管你選哪一個時段，每次都玩30（或40）分鐘。

接下來就是，媽媽覺得在_____（地點）玩是比較適合的，因為…希望你瞭解並願意配合。

另外，在我們約定的這段時間，我們的某些玩具需要特別被保護，媽媽會將他們裝在一個大的收納箱，這些玩具只有在這段時間才能拿出來玩，其他時間媽媽會將它們整理好收著。

Chapter

4

大家來玩捉迷藏－我看到你了

— 談遊戲式教養之提升孩子的自信與自尊 —

「具體地反映孩子有做到的行為」

捉迷藏是一個很有趣的遊戲，當你跟孩子在玩捉迷藏遊戲的時候，孩子很努力地躲在一個不容易被發現的地方，好像不想被您找到。

但，有趣與吊詭的是如果您不去找到他，這個捉迷藏的遊戲就又不好玩了。

這是一個隱喻。

也就是說，當孩子躲在暗處、躲著不想讓你看到、不想讓你知道的地方時，如果你真的從來就不去關注他、也不試著去找到他，那這個遊戲就一點都不好玩。當孩子努力地躲

在暗處，不想讓你找到、不想讓你看到，但最終還是期待能被你看到，被你找到的那一霎那，這遊戲才會好玩。

我們的孩子或許有時候有些不好的表現，不想、不願意、也害怕、擔心被爸媽看到，但我們就是要去尋覓、去關注、去看到他。

捉迷藏遊戲過程，當你找到或看到孩子的那一霎那，不是指責，而是關注。

孩子的每個行為也都希望被看到！被關注！

尤其當孩子表現不好的時候，其內心深處也會焦慮與擔心，更渴望能被爸媽瞭解、關注與接納。

媽媽你看，這是我做的。
我來，我來，我會的！
我告訴妳喔……
今天老師教我們……
我有幫爸爸做……

遊戲式教養對孩子的觀點是持著一種「絕對的」性善觀，也就是相信只要父母的方法對了，孩子一定是朝正向的方向發展。遊戲式教養的很多觀念及技巧都是可以培養出孩子的自信，提升孩子的自尊，一個有自信有自尊的孩子就會是一個健康快樂又積極的孩子。但多數的爸媽卻常適得其反

地做出折損孩子自信與自尊的教養方式，其中「提醒式的關心」就是最明顯的現象，殊不知這些提醒與關心確是在傷害孩子的自尊與自信。

再者，就是不斷的「注意」到孩子沒有做好的行為，這樣又間接的增強了孩子不好的行為，長期下來，孩子的行為與情緒只會越來越糟糕。遊戲式教養也根據前述第二章介紹的有關孩子對父母的「親密需求」之內涵，提出「注意到孩子的什麼行為，那個行為就會被保留下來」的實際操作原則。據此脈絡下來，我們建構出一個翻轉既有的教養方法：「具體地反映孩子有做到的好的行為」技巧。我們相信此技巧可以有效提升孩子的自信與自尊。

本章內容將分享 「父母的關心，是在提醒孩子或傷害孩子？」以及介紹如何「具體地反映孩子有做到的好行為」的內涵及技巧。

一、提醒孩子或傷害孩子呢

各位家長，先請您思考一下您的教養方式是採民主式？放任式？或權威式呢？

筆者曾做過非正式的詢問，發現有超過80％父母會說他們是採民主式的，都非常尊重孩子也會跟孩子溝通。若我再仔細瞭解他們的溝通方式，我驚訝的地發現約有60％的父母，他們的溝通其實是「委婉的提醒」，另有約30％的

父母則是「提醒中帶有批判」，只有10％的父母才真的是尊重孩子的決定。由此可知，多數的父母都誤以為自己很民主，但實際上卻經常以提醒的方式教導孩子。但「提醒」不好嗎？不需要嗎？

在此，由筆者來分析一下「提醒」的真正內涵，讓各位父母或老師瞭解「提醒」會讓孩子有怎樣的感受。

（一）「提醒」就是在告訴孩子「你不夠好」

試想，你通常都是在怎樣的情況下會「提醒」孩子呢？多數都是在孩子表現不夠好時，或讓你擔心他會做的不好時，或是你期待他要繼續保持在一個「好」的狀態。

> 「下周就要考試了，趕快去讀書。」
> 「要記得明天上學要帶的東西。」
> 「寫完考卷之後要多檢查幾遍。」
> 「要繼續努力，保持這樣的好成績。」

以上，這些「提醒」的起心動念其實都是好的，都是希望孩子更好的。但當這個提醒是有「針對性」時，那可能就會有問題。所謂針對性就是特別針對某個人的行為或他做的某件事。當老師提醒全班同學「要記得帶明天上學要帶的東西」，那就是一個很中性沒有針對性的提醒。但若老師僅針對阿雄提醒時，這個提醒就具有負面的影響。

「阿雄，明天記得要把數學作業簿帶來學校，不要又忘記了！」

「阿雄，明天有體育課要穿運動服喔！」

「阿雄，不要再把這張通知單弄丟了，一定要交給爸爸，知道嗎？」

上述這些提醒都隱含著「阿雄你不夠好」，甚至是「阿雄你不好」、「阿雄你不行」，所以才需要提醒。由此可知，當父母很有針對性地在「提醒」孩子某些事情時，其實也就是在告訴孩子「你不夠好」或「你不行」。若你的提醒內容又加上了孩子表現不好的描述，那就是更強調孩子真的很不好。

「下周就要考試了，趕快去讀書，不要像上次那樣考的那麼『糟』！」

「要記得明天上學要帶的東西，不要總是『不用心、迷迷糊糊』！」

「你不要像上次考試『那樣粗心』，要多檢查幾遍考試卷。」

「要繼續努力，保持這樣的好成績，不然很快『就會退步了』！」

（二）「提醒」多了，就變成「嘮叨」

當父母親的「提醒」超過三次之後，其實就會讓孩子覺得爸媽很嘮叨，若你的孩子已進入追求自主的青春期時，那更多的提醒會換來孩子更多的煩躁與對立。

當你的孩子經常回應你：

「我知道了啦！」

「好啦！好啦！不要再說了！」

或對你的提醒都不回應，你都還要再補充問：

「你到底有沒有在聽？」

「你聽到媽媽（爸爸）說的話了沒？」

有上述的互動就表示你讓孩子感受到的是嘮叨。

（三）「提醒」也隱含著爸媽的焦慮與「不相信孩子」

父母親會忍不住地一直提醒孩子，其實經常是父母有很高的焦慮，或是不相信孩子可以做好做到。有些孩子的表現也不錯，但父母親還是忍不住的要提醒孩子「保持努力」、「不要懈怠」、「不要驕傲」、「開心幾天就好」、「放鬆一下，就要再開始努力」，這都反映出父母的焦慮與擔心。

有些父母就是「我早就猜到你會考不好，誰叫你不聽我的話」、「你看就是不聽我的提醒」，這些話語都是一而再的折損孩子的自信與自尊。若你是孩子，一直聽到媽媽的這些提醒，你會有何感受？

綜上，我們知道提醒本來應該是一個好事，但當父母針對某件事情、某個行為超過三次的提醒時，這個提醒可能就隱含著你不相信孩子、也可能是反映著父母的焦慮，且同樣一件事超過三次的提醒就變成嘮叨了。

那要怎樣做才不會因為提醒而不知不覺的傷害了孩子的自尊與自信呢？

◆ **反思自己的教養態度。**若你經常有類似上述文章內容所提到的一些口語描述實例，那就要知道自己真的做太多的提醒了。

◆ **以具體行動替代口語的提醒。**當你要提醒孩子做某些事情時，轉個念頭吧！用行動來帶著孩子完成你期待他做到的事情，例如：牽著孩子的手到書房讀書；自己也關上電視或手機，專心的陪著孩子。

◆ **以具體行動表現對他的支持。**例如：要提醒孩子考試就要到了，不如端杯果汁給孩子喝，讓孩子感受到你對他的關心與支持。當你看到孩子回應友善的表情或口語時，也

有助於父母降低焦慮與擔心。

　　◆ **具體地反映孩子有做到的好的行為。**「提醒」多半都是在強調孩子沒做到或沒做好的行為。現在我們要換個態度來與孩子互動，就是具體反映孩子有做到的好的行為，例如：「我看到你開始寫作業了」、「我看到你已經寫了五行的作業了」、「我有聽到你在背英文單字」。

　　上述四點中的後面三點其實就是要父母學習「具體地反映孩子有做到的好的行為」，這個具體反映可以是口語的反映，更可以是具體的行動，更重要的是要焦點在孩子有做到的好的行為，而不是提醒孩子可能會做不到或做不好的行為，這兩者間其實是有很大差異的。

　　接下來就換個正向角度來談「具體地反映孩子有做到的好的行為」是有怎樣的心理動力能促使孩子更有自信與自尊。

二、「注意到孩子的什麼行為，那個行為就會被保留下來」：爸媽你注意孩子的什麼呢？

　　「親密需求」是孩子的兩大心理需求之一，親密需求的具體實踐就是「具體地反映孩子有做到的行為」，因為當你這樣做其實就是在傳遞一個訊息給孩子，你有注意他，你有關注他，這個「注意」就會達到這樣的一個效果：「**注意到**

孩子的什麼行為，那個行為就會被保留下來」。但這個「注意」就很有意思及學問了，讓我們進一步來瞭解這個「注意」的奧妙之處。在明白了注意的奧妙之後，就可以更明白為何「具體地反映孩子有做到的行為」是可以提升孩子的自信與自尊。

「親密需求」的內涵就是「被注意到」，試想如果你穿新洋裝或燙新髮型到公司時，若都沒有人發現你穿新洋裝或燙新髮型，你是不是會覺得很失落，甚至會有點難過呢？另外，若一個人在公司或某個團體中，像空氣般的被忽視、被忽略，沒有人會關注或注意他，他會有成就感嗎？他會有滿滿的工作動力嗎？我想是沒有的！

從生物演化的角度來談也是很容易理解的，每個剛出生的哺乳類動物都需要被母親所注意與照顧，才有可能被哺乳與養育，也才能生存下來。可見「被注意到」是多麼重要的一件事情。也因為這麼重要，所以，「尋求注意」、「引起注意」、「被注意、被看到」幾乎是每個人在他重要關係中不斷追求與渴望的。使得每個孩子為了得到「注意」，他至少會有以下這兩種行為模式出現。

1. 當一個人表現出好的行為或言行而被注意到時，他這個好的行為或言行就會保留且持續出現，因他的這個「好行為」被「注意」到了。

2. 當一個人的平日的行為或言行都沒有被注意到時，他內

在的這個「被注意」的需求就會蠢蠢欲動的促使這個人要有所行動，但因為平日的言行都沒被注意到，所以，他就必須表現出不一樣的行為，通常就是表現出違反規範、不遵守規矩的行為，因這樣的行為表現都會被責罵。殊不知這個「責罵」就滿足了「被注意」的心理需求。由此可知，很多小孩之所以會經常表現出一些爸媽不喜歡的行為，原因即是被爸媽的責罵而增強了他的這種行為。

「你就是笨」

「你可不可以快一點？慢吞吞的。」

「又寫錯字了！」

「襪子又亂丟了！」

「你的房間像狗窩一樣。」

「你看，又不專心寫功課了。」

「拜託你先洗手再拿東西吃，可以嗎？」

爸媽經常叫孩子吃飯吃快一點，叫他趕緊去洗澡，催促他動作快一點等等，但效果如何？相信不是很好的，因你的這些催促都滿足了孩子「被注意」的需求，間接的強化及保留孩子這些不好的行為，這也就應證了筆者說的「注意到孩子的什麼行為，那個行為就會被保留下來」。這些生活小細節都存在於每個家庭中，若要調整這些小毛病，首先是**先不要再講了、不要再念了**！因為不斷地「注意孩子負向行為」

就是在烙印孩子低自尊的印記。

若在親子互動過程中，孩子經常出現不被你接受的行為而引來你的處罰與注意，久而久之，在家長及孩子心中都會烙印孩子低自尊的印記。心理學有個重要的觀念叫做「**比馬龍效應**」，簡單說就是你認為你的孩子是條龍，他將來就會成龍成鳳，你認為他是牛是馬就是笨，那他將來就是牛就是馬就是笨。爸媽若只是看到孩子不好、不足、不夠的地方，孩子當然就形成－我不好、我不足、我不夠的低自尊。

「我就是不會…嘛！」
「我爸爸都說我很笨！」
「這個我不會呢！」
「我不敢，我一定做不好的！」

上述這些低自尊的自我概念，長期的影響之下不僅是孩子這樣看自己，更多是爸媽也認為孩子就是不會、不行、不能。

三、具體地反映孩子有做到的行為

遊戲式教養提出一個翻轉既有的教養方法，用「具體地反映孩子有做到的好的行為」的技巧來替代「提醒」及無效的管教方式，此技巧可以有效提升孩子的自信與自尊。就讓我們來瞭解一下它的內涵及心理機制。

（一）尋找並去注意孩子有做到的行為

在沒有危險及安全顧慮或時間急迫性之下，我們忽略孩子（以下稱小明）那些不被接納的行為的同時，開始尋找並去注意小明其他有做到的行為，然後要「具體地反映孩子有做到的行為」。這一技巧幾乎是可以全面用在孩子身上，尤其是你期待孩子做到的行為、養成的行為，當他開始在做或開始有做到時，那就要針對那些行為具體地反映出來。雖然孩子可能做的還不夠好，偶爾有做到但多半時候並沒有做到，或經常是在被要求甚至責罵之後才會去做的狀況，都要把這點謹記在心，開始尋找並去注意孩子有做到的行為，然後要「具體地反映孩子有做到的行為」。

在此先做個觀念上的澄清，就是遊戲式教養不鼓勵形容詞式的讚美：「你好乖喔！」「你好聽話！」「你好棒喔！」「你畫的好漂亮喔！」，我們鼓勵及期待爸媽做到的鼓勵是要把孩子的「乖」、「聽話」、「棒」、「畫的好美」等內容具體的講出來。

「老公，小明今天一回到家就把襪子脫掉，並丟到籃子裡。」
「喔！真的喔！小明開始做到很多負責的行為囉！」

「老公，你看姐姐已經吃了三口飯了。」
「嗯！我有看到，真的，又再吃第四口了！」

「小明，媽媽看到你已經寫了五行了！」

「小明，你很專心的一筆一畫地寫！我有看到喔，第三行的字寫的好工整喔！」

若你是小明，聽了上述的言語，會有何感受呢？我相信是正向且能促動孩子向善向上的動力！我們經常去注意到好的行為，那些行為不僅會被保留下來，這過程同時也提升了孩子的自尊，而使得其他不好的行為也就會減少或改善。

「具體地反映孩子有做到的行為」之所以能夠提升孩子自信與自尊的心理機制，以下再仔細做個說明。

1. 爸媽要看著孩子、看到孩子的行為表現才能做出這個反應。所以，這樣的反應技巧，也在訓練爸媽養成專注看到孩子有做到某些行為的習慣，同時還要以口語講出來。**完全符合「比馬龍效應」的心理機制。**

2. 爸媽要看著孩子、看到孩子的行為表現，這充分滿足孩子被注意的心理需求，而且這是個正向的注意。**完全可以滿足親密的需求。**

3. 爸媽也對其他的家人「具體地反映孩子有做到的行為」時，具有見證擴展正向效果的效能。**很能夠提升孩子自發的動力。**

4. 孩子可以具體得知是做了什麼被看到、被肯定，因為我們都是「具體地反映孩子有做到的行為」，這個「具

體」是重點也是關鍵，這個具體就是要描述出孩子有做到的行為，聽了這樣的描述會有一個畫面出現。就像前述的一些例句。**孩子就會更具體、明確的知道是該做怎樣的行為或行動才會被關注到。**

現在，讀者可能對於這句話「注意到孩子的什麼行為，那個行為就會被保留下來」有更多的體會與瞭解了吧！這個概念再進一步的具體實踐就是要「具體地說出孩子有做到的、好的行為」。

以下是一則實際生活的點滴，從這過程中也可以印證「具體地反映孩子有做到的好的行為」可以激發孩子的行動力與專注地投入。

以下為一位上過遊戲式教養媽媽的實際操作經驗分享。

謙拿著已經被解體的迷宮存錢筒蹲坐在我前面，嘗試要把每一個牆面組裝回去。

「好難喔！」我看著被分解的迷宮材料。

謙抬頭看了我一眼，又低頭繼續試著要組裝起來。

我看著謙一下這樣放，一下那樣弄。我在旁邊專注的反應他的行為。

「我看你將這片跟那片組合一起。」

「不行，你將它們解開，再試試不同的方法。」

「怎麼放都不行，到底要怎麼放？」

謙試了好幾回都沒成功。

「怎麼放都不行，到底要怎麼放？」

謙沒放棄的繼續動手。

「再重新將所有材料都排列在桌上。」

「你先從最大塊的那片開始組合。」

「ㄟ！有點像喔！」

「哎呀！還是不行。」

「你好認真努力的嘗試，雖然弄不好，你也沒有生氣。」

「媽媽也跟你一起試試看，可以嗎？」為了創造成功經驗，我也加入和謙一起嘗試組裝，但真的好難喔！

「這個好難，媽媽也組裝不起來，但我們一起努力試試看。」

經過了約10分鐘，東西還是沒有組裝好，謙放棄了。

「這真的好難，媽媽看到你這30分鐘真的很專注投入的試了各種方法。」

「下次再來試試看。」謙邊說還抬頭看看我，微笑地將材料收進盒子中。

「我要弄！」當下，弟弟修跑過來說。

這次，我刻意不想回應，看看有什麼不一樣囉！

時間過了兩分鐘。

「我不要弄了！」修說完就把東西放著。

我反思著這兩個很不一樣的過程與兄弟的反應，弟弟修會過來想要組裝，有很大的因素應該不只是覺得好玩，而是看到剛才的過程，哥哥謙一直被我關心注意與陪伴的感覺。我想不管是幾歲的人，都希望、也享受這種被關心注意與陪伴的感覺。

　　除了將孩子做到的好行為説出來外，也可以將孩子做到的好行為寫在一小卡片上，然後送給孩子，將更能滿足孩子渴望被看見的需求，更可以增強孩子的好行為，我稱此小卡為「獎勵卡」。每天早上起床賴床、吃早餐動作很慢，常是很多孩子讓父母感到困擾的行為，對有注意力不足多動症的孩子來說更是如此，以下是一個有多動症孩子的家長運用獎勵卡，成功讓孩子從早上起床就動作變快，能持續準時出門上學的實例分享。

　　他以前會賴床、吃早餐動作都很慢，常常被我們催促，但上學還是常常遲到；後來我開始去注意他好的行為，也開始運用鼓勵卡，將他早上起床刷牙、洗臉、吃早餐動作很快…等的好行為，我就把它寫在小卡上送給他。我在小卡上寫說：「親愛的寶貝，爸爸發現今天早上你很快起床，刷牙、洗臉、吃早餐動作很快，7:30準時出門，讓爸爸很驚喜！爸爸給你按一個讚！」隔天，他居然就更早起床，動作也很快，竟然7:20就弄好可以出門了。更讓很驚奇的是他竟然一整個星期都做到準時出門，這是以前從來沒有的，後來

也成功持續到學期末，讓我們現在每天早上，不用像打仗一樣，真的輕鬆很多。

（二）以行動帶著孩子做到「該做的行為」

在沒有危險及安全顧慮或類似趕上班、上課、搭車…等有時間被規定或急迫的情境之下，我們建議就是忽略孩子那些不被接納的行為。現實活中有些孩子的行為即使沒有危險或時間的急迫性，但爸媽就是看不下去孩子的這些行為，例如亂丟襪子、不收玩具、東西不歸定位、衣服亂丟…等行為，爸媽真的很想過去提醒一下或說兩句，但遊戲式教養又告誡家長們不要做一位「提醒」式的家長，也不鼓勵去責罵孩子、那家長可以怎麼做呢？

很簡單，就是請爸媽起身而行，帶著孩子去做他該做的事情，孩子做了，就具體地反映孩子有做到的行為。這樣的過程產生三個正向的動力：

1. **起身而行，行動產生力量：**若你還只是在旁邊用說的，不管是委婉地說或是大聲責罵，所產生的影響力都是負向的，都是在烙印孩子低自尊的印記。唯有當你起身而行，同時牽起他的手去做時，就會產生正向的力量與行動力的培養。過去看到很多父母親都是生氣得拿起棍子要打孩子時，孩子才開始行動。這個過程孩子不是懼怕這個「打」而已，更是因為你行動了。當然我們這邊的

要求是要你平心靜氣地起身喔！因為你的起身、你的行動，就是一種力量及決心的展現，孩子就更能配合。

2. **具體地反映孩子有做到的行為**：當你起身而行帶著孩子做了該做的行為後，不需要你用形容詞式的讚美來回應孩子聽話懂事的行為，但請你具體將孩子有做到的行為具體的反應出來，這樣才是真正滿足了孩子「被注意」的親密需求。前述提到當孩子沒有做到你期待的行為時，你的責罵、提醒都是在滿足孩子被注意的親密需求。現在因為你的起身而行，孩子有做到我們要他做到的行為之際，當然要具體地反映出來。如此持續一段時間，我們期待孩子做到的行為就會越來越多，進而取替了那些不被我們接受的行為。

3. **整個過程，我們不用提醒、不再嘮叨，也就比較不會有情緒**：通常父母的情緒都是因為講了很多次都不見改善或不見孩子有所行動而爆發。現在當父母起身而行，以行動來帶領孩子做到我們要求的行為時，父母親的情緒一定會比以前平穩，而這也告訴我們不要僅是以口語來管教或要求孩子，起身而行，用行動來證明父母的決心，行為會產生力量的。

以下舉一個日常生活中經常出現的情境來做說明。

孩子一回到家，就把書包往沙發一丟，襪子脫在客廳地

板，整個人橫躺在沙發上休息。

「小明，把襪子丟到籃子裡啦！」

小明依然斜躺在沙發上。

「你這樣很不衛生呢！」媽媽再次提高嗓門對著孩子說。

「喔！好啦！」小明依然躺在沙發上。

「快點！講過多少次了啊！」媽媽開始帶著情緒大聲地對小明說。

「等一下啦！很累呢！」

小明也不悅地回應。

……

各位爸媽，接下來的互動會是怎樣？孩子會去將襪子撿到籃子裡嗎？通常不會。爸媽要不是無奈地跟在後面收拾，就是發一頓脾氣之後，孩子悻悻然地將襪子撿去丟到到籃子。

但不管怎樣，這樣的互動都會讓爸媽既無力又無奈。

我們該怎麼做呢？

「小明，來！」媽媽親身而行地走到客廳，邊說邊牽起小明的手。

「幹嘛啦！」小明有點不悅。

媽媽平靜堅持地牽著小明，走到襪子前面。

小明只好將襪子撿起來，跟著媽媽走到籃子，將襪子丟到籃子裡。

「嗯！媽媽看到你將襪子丟到籃子裡了。」媽媽在小明將襪子丟進籃子裡時立即回應。

各位，當媽媽起身而行之後，事情是不是很快就圓滿落幕了呢？當然不會做這麼一次，孩子就養成習慣了，但媽媽只要在這件事情上起身而行堅持幾次，孩子就會知道賴不掉，而更能配合進而養成習慣。反之，若就是一直就是用講地、用罵的，就會發現這好像是一個天天都要上演的一齣連續劇的劇情，這會讓媽媽很無奈與無力的，孩子其實也不開心。所以，若要改善孩子不好的習慣習氣，請**以行動帶著孩子做到該做的行為**，然後具體地反映孩子有做到的行為。

（三）是要口語「具體地反映孩子有做到的行為」，不是形容詞式、結果式的讚美

皮亞傑說：「孩子的工作就是玩！」多經典的一句話。

「玩」或遊戲對兒童而言真的是很重要。「玩」不僅可以讓人學習與成長，「玩」還可以抒解一個人的情緒，讓人有滿滿的能量投入「工作」。只是我們要如何跟孩子「玩」，才能玩出這些效果呢？

這是一個上過遊戲式教養工作坊的學員，將所學應用在孩子身上的回饋。

前幾天和九歲的女兒聊天時，突然興起。

就問了她：「你覺得媽媽學了遊戲治療後，有不一樣嗎？」

她不假思索的，超大聲的回答：「有。」

我想，我的變化應該是很明顯吧！讓她不用想就可以馬上回答我，而且那麼肯定。我也想知道，女兒觀察到了什麼。

就再問她：「哪裡不一樣了？」

她直接了當的告訴我：「媽媽，妳沒有那麼兇了。」

「還有呢？」

「啊，小的事情，都讓我自己做決定。」

「還有沒有呢？」

「就是都會看著我玩！」

以上一段很簡短的母女對話，已經道出結構式遊戲治療及遊戲式教養所強調父母要如何陪孩子「玩」的內涵。筆者試著從上述孩子感受到最深的三句話，再次引導各位讀者思考。

媽媽，妳沒有那麼兇了：

請以平穩的心情陪孩子玩，既然是遊戲、既然是玩，就

請父母放鬆心情的陪孩子玩吧！你的心情越是放鬆，陪伴的效果就越好。

啊，小的事情，都讓我自己做決定：在陪伴的過程，儘量不要指導、不要暗示，就讓孩子自己來吧！知道嗎？讓孩子有機會做決定是很重要的一個學習經驗，也是讓他滿足成就感的機會。當你有更多的機會讓孩子自行決定時，你會發現你的孩子會越來越自信與主動。

都會看著我玩：「看著我玩」這是一個很重要的概念，其實這個「看」是有不同層次的內涵。首先要澄清的就是，爸媽在「看」著孩子玩的過程，若不斷提醒、糾正、指導……，那只是在烙印孩子低自尊的印記，相信這種「看」的方式，會讓孩子很討厭爸媽在旁邊看著他玩。

再來，分享沒有提醒、糾正、指導的「看」，也有不同層次的內涵。

1. 很多父母為帶孩子到公園玩時，自己在椅子上滑手機或跟其他媽媽聊天，偶爾看抬頭孩子玩遊樂器材，這時候的「看」，只是在注意孩子安全。

2. 有的父母也會說：「孩子經常在客廳玩樂高（或其它玩具），我若有空就會坐在旁邊看著他玩，他有時遇到困難也會來求助。」這時候的「看」跟孩子是有連結的，但卻是被動的連結。

3. 最高層次的「看」，就是要在跟孩子互動時做到：「具體地說出孩子有做到的、好的行為」。亦即要具體且明確的描述出行為的過程，而非僅是結果式的讚美。

這樣的陪伴才能滿足孩子的親密需求，才能玩出孩子的自信與自尊。

在瞭解了三個不同層次的「看」之後，在此要特別澄清，不是隨時隨地都要做到最高層次的「看」，因為這太強人所難也不切實際。讓孩子能單獨自己玩的機會也是重要的，有時父母也需要休息或做一些自己的事情。若能在與孩子互動時，經常做到最高層次的「看」，就能滿足孩子的「親密需求」，也同時能提升孩子的自信與自尊。但不需要每次的陪伴都要做這樣的最高層次的「看」

接下來，再總結一下「具體地說出孩子有做到的、好的行為」，亦即要具體且明確的描述出行為的過程，而非僅是結果式的讚美。

不鼓勵的反應方式：
「你好乖！」「你今天好聽話！」

鼓勵的反應方式：
「我有看到你將積木、汽車、娃娃都放回籃子，還蓋起蓋子！」
「你吃完點心，就將作業拿出來寫，還問了媽媽兩個數

學題目。」

　　「小明，這次考試考第一名，真的好聰明！」很多父母喜歡用這句話稱讚孩子，但這樣的鼓勵法反而會妨礙孩子的發展，當他們下次遇到挫折時，就會開始懷疑自己，或是他們會變得很容易焦慮與緊張，因為不是每次考試都可以考第一名。

　　最好的誇讚法就是上述介紹的「具體地說出孩子有做到的、好的行為」。所以你應該跟孩子這麼說，「小明，這次在考試前，媽媽看到你有主動地背課文、寫考卷…，你這樣的努力，果然考到很好的成績。」

　　遊戲式教養所強調的「具體地說出孩子有做到的、好的行為」之關鍵，就是讓孩子知道他那些努力的行為都有被父母看到，久而久之，他當然喜歡你看他玩，喜歡你看他做的任何事情。

　　也有很多研究都證實，那些從小被父母親反應很棒、很聰明的小孩，長大時反而成績普普；反之，那些常被反應「你很努力及具體地說出他有做到的好行為」的孩子，成績都比同年齡的好，同時更有求知欲望，且抗壓性較強。

　　綜上，遊戲式教養之培養有自信的孩子，就是要每位父母以一顆輕鬆的心情，經常地做到「具體地反映孩子有做到的行為」。

以下是上過遊戲式教養工作坊媽媽的分享。這位媽媽的老大是一個很典型的「注意力不足過動症」的孩子，也是大家常說的「ADHD」，這位媽媽在掙扎中開始讓孩子服藥，這是多數媽媽的掙扎，但這位媽媽非常讓筆者感動與佩服的是，除了服藥之外，媽媽還努力地找最適當的方法來協助孩子。首先，她具體的實踐遊戲式教養傳遞的幾個觀念與技巧。「我們要將焦點去注意到孩子有做到的行為」、「具體地反映孩子有做到的好行為」；同時，這位媽媽也「建構了一個固定陪孩子玩的親子時間」。最後她深深的體會到，她將遊戲式教養的觀念技巧實踐在生活中時，不僅是孩子進步了，更重要的是自己也改變了。

我先生是職業軍人，平日24小時都不在家，且夫家和娘家都無法幫忙我帶小孩，所以我只能單獨一人照顧兩個兒子。

大兒子的個性屬於少根筋類型，忘東忘西（例如：一年級外套和背心已經丟了3件，水壺可以3天都忘了帶回家）、做事拖拖拉拉（例如：寫功課一個小時可以只寫3個字）、情緒管理不好（例如：常誤會別人的意思，生氣起來會自己打自己的頭），所以長時間下來常常讓我心力交瘁，精神狀況處於緊張焦慮和暴躁易怒的狀態……。

今年大兒子的班導在小二上學期結束時，建議我帶孩子去給醫生檢查看是否有「注意力不足過動症（ADHD）」，我就帶去診所看，醫生在看完老師所填寫的表單後，便告知

我說：「這就是了！」，於是我兒子就開始服藥，我心裡真的很難過、也不是那麼能接受，但為了避免他再自我傷害跟被老師討厭，我選擇先服藥，但我也因此開始問自己問題出在哪裡？

很幸運的機會下，遇見了生命中的貴人鄭如安教授，在教授的課程中，讓我體悟很多，例如：「多看孩子的優點，給予具體的讚美」，不要用「還有○○沒做」而改用「已經做了○○」，我把這點用在孩子寫功課上（例如：哇！你已經寫兩行囉！動作好快喔，而且寫的很漂亮耶！）發現效果奇佳，孩子有被肯定的感覺，就有信心自然會更努力！當然親子關係也變好很多。

還有，安排固定時間陪孩子玩的親子時間之建構，我發現孩子是會期待而且情緒會比較平穩的。在這學期，大兒子的班導就一直跟我說孩子進步很多，另外還有2位科任老師遇到我，也都說孩子有明顯的進步，我心裡也安心多了。其實，後來想想，最該改變的是我自己，孩子其實都是受父母影響最深，媽媽情緒暴躁易怒，孩子也會如此。當父母的要多多自我覺察和學習，上鄭教授的課讓我覺得很輕鬆沒壓力，所以也很願意敞開心去學習跟反省，而且教授教的方法很實用，不會讓人覺得只是紙上談兵，真心的希望能「經常」參加教授的課程，因為當父母的要常常「充電」，不然電沒了，火就上來了……

自我檢核與反思

具體地反映孩子有做到的行為

遊戲式教養不鼓勵形容詞或結果式的讚美，我們希望大家努力朝向「具體地説出孩子有做到的、好的行為」的目標。以下讓我們一起自我檢核並反思，如何做到「具體地説出孩子有做到的、好的行為」。

（一）越是不聽話的孩子，即使給予肯定與讚美，也不見明顯效果，那是不是這類孩子就是要以「虎媽」的嚴格方式教育呢？

並非如此，本書在第二章即説明孩子若不斷出現令爸媽困擾的行為，其背後都可能是想滿足其親密需求、自主需求或這兩種需求的交互變化。讓我們一起來深究與探討。

孩子不聽話行為的背後，可能有以下幾種心理需求或心理狀態。

1. 孩子想要得到父母的關注或肯定。
2. 孩子想要能有自主決定的需求，但這個自主需求被否定、拒絕或忽略了。
3. 孩子要得到父母的關注或肯定的同時，又很有自己的想

法與要求。

4. 孩子很有自己的想法與做法，被制止後轉而黏著父母要
父母的關注。

當父母能瞭解孩子不聽話背後的心理需求或心理狀態
時，我們是要先回應孩子的心理需求，而非僅處理孩子的不
聽話行為。這才有可能有效改善孩子的不聽話行為。

1. 孩子想要得到父母的關注或肯定

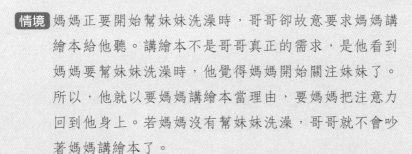

情境 媽媽正要開始幫妹妹洗澡時，哥哥卻故意要求媽媽講
繪本給他聽。講繪本不是哥哥真正的需求，是他看到
媽媽要幫妹妹洗澡時，他覺得媽媽開始關注妹妹了。
所以，他就以要媽媽講繪本當理由，要媽媽把注意力
回到他身上。若媽媽沒有幫妹妹洗澡，哥哥就不會吵
著媽媽講繪本了。

解決之道：解決重點就是要在平常的互動中，讓孩子感受到
被媽媽關注，若能滿足哥哥的親密需求，那當媽媽要
幫妹妹洗澡時，哥哥就不會立刻要求媽媽講繪本給他
聽。

2. 孩子想要能有自主決定的需求，但這個自主需求被否定、拒絕或忽略了。

情境 你答應孩子可以選一個喜歡的玩具，結果孩子這次又

選了一把玩具槍，你覺得家裡已經有好幾把玩具槍了，跟他說可以買汽車，但不能再買玩具槍。孩子就哭了起來，喊著不管不管，就是要買槍。

解決之道：此時孩子的吵鬧常是因為他的一個決定、一個選擇被否定了。如果這個決定、選擇是你答應的，且又是他喜歡的，那就更容易引出很多情緒。

要解決此情境之困擾，就是要思考如果事前已跟孩子約定好界線，不能買玩具，那孩子吵著要買玩具，當然就可以不去滿足他的需求，也不要太在乎他的情緒。但若你已經同意孩子的要求，孩子的決定與選擇又沒有危險性，那此時則需要尊重孩子的選擇與決定（後面章節會有更詳細的說明）。這也提示了我們一個重要的觀念，就是孩子自主的決定與選擇若是合理的，那每位爸媽要學習尊重孩子的決定與選擇，也就是滿足孩子的自主需求。

3. 孩子要得到父母的關注或肯定的同時，又很有自己的想法
   與要求。

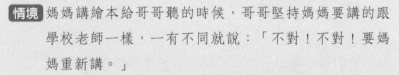

情境 媽媽講繪本給哥哥聽的時候，哥哥堅持媽媽要講的跟學校老師一樣，一有不同就說：「不對！不對！要媽媽重新講。」

解決之道：哥哥要求媽媽講繪本給他聽，當然是要滿足內在的親密需求。但在親密需求滿足的同時，哥哥又有強烈的要求要講的要跟學校老師一樣。哇！這很難也很

辛苦的。可以講繪本給哥哥聽，但要講得像學校老師
一樣那一定很難。當媽媽面對這樣的要求時，絕對不
是就配合哥哥做到他的要求，因為這可能做不到。

媽媽可以接受哥哥有這樣的期待。

「我知道你喜歡學校老師講故事的方式，但我是媽媽不
是老師。」

「你要聽媽媽講故事，媽媽就是這樣子講。不然就是你
自己看。」

媽媽講繪本給孩子聽的同時，也應適度提供孩子選擇，
讓孩子做決定，這就同時滿足孩子的親密需求與自主需求。
「提供選擇」在後面的章節也會詳細介紹。

4. 孩子很有自己的想法與做法，被制止後轉而黏著父母要父
　母的關注。

情境 孩子已經吃了事前就講好的一包巧克力，但吃完之
後，很想要再多吃一包，被你明確的拒絕。他哭了一
下之後，發現你很堅持，就轉為跑到你身邊要你抱
抱。

解決之道：這是一個常有的現象，因你之前有明確的界線，
「吃了事前就講好的一包巧克力」，所以後面處理起
來就容易多了，若沒有明確的界線，孩子的哭鬧情形

一定比較嚴重。因為有了明確的界線，當孩子知道其不合理的要求不會得到時，他就不會繼續哭鬧，而這個過程，孩子也知道他哭鬧的行為是不對的，所以，經常會轉而要媽媽抱抱，這個心理動力是他想確定媽媽還是愛我的，還是關注我的。

因此，媽媽就是抱著孩子，幫他擦擦臉、擦擦眼淚，不要數落他指責他剛才的行為，反而是要反映「嗯！沒吵了！媽媽擦擦臉」。記得之前講的那句話嗎？「注意到孩子的什麼行為，那個行為就會被保留下來」。

那越是不聽話的孩子，越不能給予溫柔的肯定與讚美嗎？我們要先瞭解孩子不聽話行為的背後，其實都是想滿足親密心理需求或自主心理需求，或兩種心理需求的交互變化。希望上面不同情境的例子，可以讓你對不聽話行為背後的兩大心理需求有更深刻的瞭解。

更重要且積極的做法是在當孩子有好的行為表現時，父母就要及時的、具體地說出孩子有做到的正向行為，但不是「好乖」、「好聽話」……這種結果式的讚美。父母要能具體地說出孩子有做到的正向行為「我看到你把玩具收到籃子裡了」、「我看到你有先洗手再來拿餅乾吃」，這樣的反應滿足孩子被關注的親密需求，孩子的行為被父母看到、肯定、尊重，進而使其更願意做這些事情。簡言之，越是不聽話的孩子，不是要讚美，而是要針對孩子有做到的行為給予

更多具體的肯定。

（二）孩子做了基本該做的事情時，如寫完功課，幫忙家事，這些都是他份內該做的事情，所以是不需要給予鼓勵？

這是一個很好的問題，可以從三個不同層次來回答。

1. 基本上，當孩子完成這些基本任務，仍然需要鼓勵。鼓勵的方法當然就是要「具體地反映孩子有做到的行為」。尤其當孩子在面對這些他份內該做的事情，可是卻表現的很被動時，可以適時地在孩子開始做這些事情時，就要「具體地反映孩子有做到的行為」。

2. 當孩子逐步的、有責任的，主動去做他份內該做的事情時，我們「具體地反映孩子有做到的行為」技巧，就可以轉為針對孩子做事的態度與責任心加以正向鼓勵，例如：「小明一回家就開始做功課，爸爸覺得你很負責任。」這就是具體的行為加上「負責」、「認真」、「堅持」等這類美好的品格與特質，仍然不是那些「美」、「乖」、「棒」……之類的形容詞式的讚美。

3. 最高層次就是，孩子自動自發的完成他份內該做事情，這種行為已經成為孩子的習慣或已經內化自律，亦即，即使我們不在他身邊，沒有做任何反應與關注，他仍然會自我要求、自動自發的做好。那我們就

不必針對這些行為做反應了，因為我們已經形塑孩子在這方面自律、自我負責的美好品格了。恭喜！

（三）孩子長大了，對於親子間親密的互動會很不自在，所以，不要有親密的互動？

這是不正確的說法，親子間的互動習慣是自小培養的，親密溫暖的親子關係，並不會因孩子成長而有不同，只是我們表達親密的動作、方式可能會因為性別、年齡、個人特質而以差異。例如：孩子小的時候，我們會親親、抱抱孩子，但青少年時期的大孩子，會有些身體上的界限，若改以拍肩、握手、寫關懷卡片或是肯定的表情與話語替代，可能是更適合的方式。女兒與媽媽表達親密的方式，也會有別於女兒跟爸爸的互動方式。

總之，親密需求是每個人都渴望需要的，不會因為年齡大了就不需要。親子間仍然需要有滿足親密需求的互動，但要以對方舒服可以接受的互動方式，來滿足對方的親密需求才是正確的。所以，當孩子對於你的親密互動方式不自在時，不是他不需要親密互動了，而是你表達的方式可能要有所調整。

（四）「好美、好棒、好聰明！」都是在讚美孩子，所以要常掛在嘴邊，講給孩子聽？

這是一種形容詞式、結果式的讚美方式，且只重視事情

的結果，而忽略孩子努力的過程，應該儘量避免。請將前述的重點「具體地說出孩子有做到的、好的行為」做為我們讚美孩子的方式，例如：「這張畫在你不斷認真的努力下，看起來真美呀！」「你勤勞的幫忙打掃，教室的垃圾都沒有了，環境變得好乾淨，你真的好棒！」

筆者更進一步來說明形容詞式、結果式讚美的缺點。若爸媽在孩子還小的時候，就經常用這種「好美、好棒、好乖…」的形容詞式讚美，久而久之，孩子也會很喜歡得到這樣的讚美。問題是這些「美、棒、乖…」的讚美，不是自己說了算，它一定是來自別人口中的讚美。更具體地說，這類的孩子認真地做完一件事情，他就會期待得到爸媽或別人對他說出「美、棒、乖…」的讚美，若爸媽或周遭的人沒有給他這些「美、棒、乖…」的讚美，他就會很失落，甚至很挫折。日後，這類的孩子每做一些事情就會期待別人的讚美。

反之，若我們都是用「具體地說出孩子有做到的、好的行為」方式來鼓勵肯定孩子，久而久之，孩子就會焦點在這些做到的、好的行為上，而不會焦點在爸媽的口語讚美。而這些「做到的、好的行為」是孩子自己可以掌控與決定的。而「美、棒、乖…」是要別人給的，自己無法掌控的。各位爸媽，你們瞭解這兩者間的差別嗎？若每做一件事情都是在渴望別人給予「美、棒、乖…」的讚美，那會過得很辛苦，情緒也經常會受控於別人是否有給予「美、棒、乖…」的讚美。唯有經常用「具體地說出孩子有做到的、好的行為」來

鼓勵孩子，孩子就會是一個很能自我負責且有自我判斷能力的人。

（五）孩子考了優異成績，就是要讚美他的優異成績表現？

有了前述的分享之後，大家應該知道怎麼回應孩子有優異成績的表現。請勿讓孩子以為成績優異才是被讚美的原因，而忽略了平日用心學習與努力的過程。

還是那句話「具體地說出孩子有做到的、好的行為」，尤其考試展現出好的成績，絕對是經過一個努力的過程。此時我們就要反映出這個有做到的好行為的過程，請試著這樣說：「媽媽看到你總是認真的複習功課，今日才有了優異的成績，恭喜你喔！」若更具體的回應，可如：「媽媽看到你在考試前一周就自己拿參考書出來練習，也聽到你背書的聲音，還拿數學題目問爸爸，所以你才考得這樣好！」

（六）為了孩子好，要經常提醒他沒做到的或忽略的小細節？

經常提醒就會變成嘮叨、不受歡迎的大人喔！雖然父母總是為了孩子好而提醒孩子，然而過多的提醒，同時也呈現出父母對孩子的不信任，並讓孩子感受自己不夠好的負向概念，更可能影響正向親子關係，父母應該要適當的自我約束，避免無效且過多的提醒。

遊戲式教養的具體實踐技巧

「追蹤描述行為+提升自尊的技巧」

「具體地說出孩子有做到的、好的行為」此反應技巧，其實已經包括了追蹤描述行為和提升自尊的的技巧兩項遊戲治療的專業技巧。追蹤描述行為就是具體地說出孩子的行為，提升自尊的技巧就是在孩子表現出正向能力或特質時，以「你會…」、「你能夠…」、「你可以…」等語言引導，描述孩子這些正向的行為及特質。所以「具體地說出孩子有做到的、好的行為」是一個很有能量的技巧，每位父母要常運用在常生活中。

前述已經說明「具體地說出孩子有做到的、好的行為」就可以提升孩子的自信與自尊，也可以激發孩子的行動力。因為當你很專心、用心地陪伴孩子時，你也才能很具體的描述孩子的行為過程，當然就會讓孩子感受到你是全神貫注的在陪他，進而滿足孩子需要被注意的心理需求。

以下將說明在實際生活中如何應用「具體地說出孩子有做到的、好的行為」這項技巧。

1. 不要忽略孩子「只是做了本分的行為」

多數時候父母經常會對孩子本分的行為視為理所當然，

例如寫完功課、認真讀書、幫忙做家事……等等，這些本就是孩子應該做的行為，所以不會特別去做反應或關注，但若這些所謂的本來就該做的行為，是以前都沒做到或沒做好時，當孩子開始能完成這些行為時，我們就應該「具體地說出孩子有做到的、好的行為」。

情境 孩子在寫國語生字功課

不鼓勵的反應方式：

「小明！你看都寫了30分鐘了！趕緊把剩下的五行生字寫完。」

「小明！你看姐姐都寫完了，你還不專心地趕快寫。」

「小明！媽媽講了很多次了！字要寫在格子內，不要超出格子來，那幾個字擦掉重寫。」

鼓勵的反應方式：

「小明！你已經寫了八行字了！媽媽有看到。」

「這個『國』字筆劃很多，你都寫在格子內，我有看到，表示你在寫的時候很專心。」

「只剩五行了，你專心地寫，很快就可以寫完，然後就能夠像姐姐一樣的去玩了。」

情境 小明經常寫功課都不夠專心，寫沒多久就會注意力渙散，容易被其他事物吸引，導致功課經常都要寫得很久。

當小明一開始寫功課還很專心的那段時間，你就要過去

反應小明有做到的好的行為。

「媽媽看到你開始寫作業了。」

「嗯！小明已經寫了五行。」

「嗯！小明就是看著生字簿，然後一個字一個字的寫，我就知道你可以做到的」

2. 焦點在好行為背後的特質與能力

當孩子都可以做到寫完功課、認真讀書、幫忙做家事等等理所當然的事情時，或更進一步的從事更具挑戰與困難的任務時，「提升自尊的技巧」就要焦點在孩子的能力與態度，例如：有時功課特別多或特別難，當孩子很辛苦地完成功課時，當然就該把孩子在完成此任務時的投入、專心、不放棄…等美好特質反映出來。這也說明遊戲式教養的方式可以培養出孩子的好品格。

「這次功課好多，看你還是耐著性子，一樣一樣的完成，真不簡單！」

3. 當孩子興沖沖的主動與你分享他所知、他所聞或他所經歷得意的事情時，請不要潑他冷水

請善用「你會…」、「你能夠…」、「你可以…」等引導語，後面則是將孩子做到的具體行為內容給予回應。

　　情境：孩子從學校回到家裡，很得意拿著一個黏土作
　　　　　品給媽媽看。

「媽媽你看我做的」

「嗯！媽媽看！」

「哇！有一個時鐘，每個數字都用不同顏色的黏土…，
而且都黏得很牢固，看來你在做的時候，一定很用心在思
考，且細心地黏上去的。」

＊小明擠出黃色和紅色顏料，並把色料混在一起，然後
很得意的發現顏色的變化。

「你知道把黃色和紅色顏料混在一起，就變成橘色
了。」

＊小明小心翼翼的排積木。

「你會用這些積木拼出你想要的東西。」

＊小明努力的往娃娃屋頂爬。

「你很努力的一步步往上爬。」

「喔！好滑，你滑了下來。」

「你仍然努力的爬。」

「哇！能夠自己爬上娃娃屋的屋頂。」

　　綜上，就是當孩子的行為表現出他的能力時，父母如果
能適當地反應出來，讓孩子知道媽媽有看到他的表現，那麼
父母的用心與肯定，便經由這些點點滴滴的過程，讓孩子相
信自己是有用、有價值、有能力與受到重視的個體。父母運
用正向積極的態度與方法，對孩子的正向行為予以鼓勵，從

小處給予肯定，這樣的方式便能做到是尊重並欣賞每個孩子
不同的優點。

實踐小心得 －跳跳虎媽媽的分享

一位上過遊戲養育工作坊媽媽的實操分享。她的跳跳虎
小妹向來是沒有耐心的孩子，尤其一遇到挫折就經常會放棄
或退縮。但今天這位媽媽只是在旁邊運用了「具體地說出孩
子有做到的、好的行為」技巧，孩子除了自然、自發地願意
面對挑戰與挫折之外，還有一股正向的自信在孩子的心中培
養起來。

今天和5歲的跳跳虎小妹玩穿珠珠做手鍊的活動，出乎
我意料之外，跳跳虎小妹居然可以持續40分鐘！

跳跳虎小妹將珠子一顆、兩顆、三顆穿進去，有時候手
沒拿穩，珠子就掉出來了。

「我看到你很快將掉下去的珠珠，撿了回來」。我在旁
邊回應著她的行為。

「沒關係，掉了再撿起來穿就好了」。我點頭微笑的回
應。

「你仔細地穿珠珠，已經穿了快20顆了耶！」，她抬頭
微笑的看著我，同時將串珠舉高給我看，好像想要展現她的
成果。

跳跳虎小妹將珠子撿起來穿回去的過程。

沒多久，珠子又掉出來了，「沒關係，掉了再撿起來穿就好了」。

此時換跳跳虎小妹不疾不徐的對自己說，很有耐心的把掉出去的珠子繼續穿回去。

然後又說：「我可以再串一串的。」

在旁聽到跳跳虎小妹這番話的我，好感動唷！

一直以來，想讓孩子知道過程遠比結果重要，希望她能勇於嘗試。她一字不漏的回應「沒關係，掉了再撿起來穿就好了」，讓我感受到追蹤描述行為這個技巧的力量。

我用什麼樣的言語和態度，孩子就會收下並且回應出來。我想，如果今天當她珠子一掉的時候，我有很大的反應（指責或驚訝等情緒），孩子又會是不一樣的回應吧！這也讓我自己更謹慎用在孩子身上的言詞，也體會到遊戲式教養所教導的一些觀念與技巧的重要性。

Chapter

5

虎姑婆別咬我－愛哭的孩子 不要哭，他會咬你的小耳朵

— 談遊戲式教養之孩子的情緒管理 —

情緒需百分百的被接納

「虎姑婆」是臺灣的童謠，它的歌詞如下：

好久好久的故事　是媽媽告訴我
在好深好深的夜裡　會有虎姑婆

愛哭的孩子不要哭　他會咬你的小耳朵
不睡的孩子趕快睡　他會咬你的小指頭

還記得還記得　瞇著眼睛說
虎姑婆別咬我　乖乖的孩子睡著囉

很多小朋友只是聽著媽媽唱「虎姑婆」的旋律，就在媽媽的陪伴過程與歌聲中睡著了；也有很多知道歌詞意義的小朋友，就會害怕得不敢一個人睡，一定要媽媽陪著一起睡覺，甚至是緊緊的抱著媽媽睡覺。一段時間之後，孩子會知道不會有虎姑婆的，只有媽媽的陪伴與擁抱。所以，這首歌絕對不是要用來嚇小朋友，而是要我們瞭解成長過程中的孩子，都需要我們的陪伴，當他有害怕、擔心或焦慮時，就更需要我們的陪伴。以下幾個孩子常見出現的樣態，可能都是期待媽媽的關注與陪伴。

動不動就生氣

愛哭 很固執

姊弟天天爭吵

一點不順 他就哭 就生氣

想要就是要 非吵到給他不行

情緒反應本是人類求生存的一種本能反應，例如到一個陌生或可怕的環境，會緊張、擔心，進而生理會進入一種警戒狀態。跌倒受傷會痛、會難過，看到媽媽就哭了起來，這些都是正常的情緒反應；但孩子的情緒如果是因為不順他的意或不符合他的期待，就開始哭、吵、鬧、發脾氣等等，這常是爸媽最苦惱、最頭痛的時候。有時真不懂孩子為什麼會那麼多情緒呢？

一、為何孩子情緒反應會那麼激烈

孩子吵著要吃餅乾，媽媽表示就要吃飯了，所以堅持不給孩子吃，孩子就賴皮躺在地上嚎啕大哭。此時，受不了孩子哭鬧的爸爸就說話了。

「哎呀！很吵呢！就一塊餅乾嘛！他要吃，就給他吃！給他吃啦！」

這樣的過程可能讓孩子學會只要吵就會有餅乾吃。

孩子的吵與情緒是爸媽縱容出來的。

「你就是愛哭，跌倒了就哭！哭哭！真討厭。」

這樣的過程孩子的情緒不僅不會緩解，反而會越來越愛哭，越哭越大聲。

孩子的哭或更強烈的情緒是爸媽引發出來的。

在實務面上，經常會有很多父母表示，孩子脾氣實在是太糟糕了，只要不順孩子的意，孩子可以哭上一小時，甚至還伴隨著傷害自己的行為，逼的爸媽屈服於孩子的情緒。親友鄰居看的也都直搖頭，不懂孩子的情緒為何會那麼大？很多爸媽更懷疑，自己的孩子是不是有情緒困擾和情緒障礙。

筆者稱此類的孩子叫「暴衝兒」，更讓人擔憂的是這種「暴衝兒」似乎越來越多。情緒本來是在人際互動及面對不同事件時的正常反應，為何會變成不順他的意或不符合他的期待時，就出現強烈的情緒，甚至變成一個暴衝兒呢？

　　筆者歸納出三個關鍵的原因：

1. **就是父母親經常用威脅或者是不接納的態度來因應孩子不適當的行為或要求。**

　　很多爸媽在面對孩子的哭鬧時，經常會這樣說：「你再吵，我就打你！」「你再吵，我就不愛你！」「你再吵，我就不要你了！」然後爸媽就會推開孩子、拒絕孩子靠近，或是就做出離開孩子的動作。

　　這樣的口語責罵及行為動作，都會瞬間讓孩子充滿了焦慮與不安全感，甚至覺得被拋棄了。如此情形，孩子的情緒會立即擴大，且是陷在強烈的不安全感情緒中。

　　各位爸媽，請認真思考，此時孩子的情緒已經不再只是之前哭鬧的那件事情，而是增加了很強烈的焦慮與不安全感。一個沒有安全感孩子的情緒怎麼可能平穩呢？

2. **爸媽罵過孩子之後，發現孩子情緒不但沒有平靜下來，反而越來越強烈，甚至出現傷害或破壞的行為。此時爸媽更不知道該麼辦或無計可施，最終只好回頭順了孩子**

的要求。如此一來，就更強化孩子強烈情緒反應，或那些破壞、自傷的行為表現。

前述這兩種養育方式中的任何一種，都會讓孩子的情緒暴衝。令人擔憂的是，多數會有情緒暴衝孩子的爸媽，經常都同時在用這兩種養育方式因應孩子的哭鬧。他們經常一邊責罵孩子，又同時講出讓孩子沒有安全感的口語；或無法堅持原則，同樣也會講出否定孩子或讓孩子沒有安全感的口語，如：「我不喜歡你了啦！」、「你不乖」、「你壞蛋」…

這樣一來，也就造就了一個沒有安全感又有嚴重情緒困擾的「暴衝兒」。所以，筆者觀察到，現今許多的情緒障礙孩子、暴衝兒多數都是父母錯誤的教養方式造成的。

3 爸媽本身的情緒是不穩定的。

孩子的情緒或行為稍微有點不配合、不聽話，爸媽的情緒就爆發出來；或者是在爸媽心情好時，很多的要求就變得很寬鬆，但當心情不是很好的時候，不管孩子怎麼做都會被罵、被指責。如此下來，對孩子就會有兩種影響：一就是孩子會變成在爸媽面前很壓抑，壓抑久了，無法忍受時，就會情緒暴衝；二就是孩子的情緒也變得很不穩定，喜怒無常且常是伴隨很多焦慮緊張。久而久之，孩子的情緒反應就越來越超出正常狀態，也會形成所謂的暴衝兒。

由上可知，孩子的情緒表現或許跟先天氣質有關，但多半孩子的情緒反應之所以會超出正常狀態，甚至成為暴衝兒，絕大多數都跟爸媽或主要照顧者的教養方式有密切關聯。

二、「情緒是要百分之百的被接納」

　　在日常生活中，當孩子有情緒時，有時要去關心孩子的情緒，但有時又不能太關注孩子的情緒反應，尤其不能當孩子有情緒時，就滿足他的欲望或要求，這其實是不容易的一件事，這也導致很多父母面對孩子的情緒時，不知道該如何因應、如何拿捏。希望透過本章的介紹，可以讓每位父母瞭解如何面對孩子的情緒反應，釐清接納與縱容間的差異。

[1] 適切地「反映」孩子的情緒，就傳遞了「接納」孩子情緒的訊息

　　首先要分享的是**「情緒是要百分之百的被接納」**，這句話的內涵其實就是要我們學習適切地「反映」孩子的情緒。

　　因為情緒是一種主觀感受，沒有對錯好壞。更重要的是情緒是有動力的，善用情緒的動力，可以讓我們成就很多事情，但若運用不當，就會帶來很多麻煩。例如「憤怒」、「生氣」可能帶來想傷害自己或別人的動力，但也可能轉化為努力爭取成就的向上力量。

情緒帶來的動力要能轉化成正面力量的條件，就是要先接納這些情緒，也就是要「反映」孩子的情緒。筆者常將情緒比喻為一隻「刺蝟」，順著他、安撫他，就不會被情緒的刺刺傷，但越是要與他對立，那就會被情緒的刺刺傷。

「我知道你很難過！」

「看你好快地跑過來，你好開心喔！」

「你一直搖頭，一直搖頭，好傷心又無奈，你無法接受結果是這樣子！」

「你瞪大了眼睛，好生氣喔！」

我們可以根據孩子的表情、行為及身體語言來判斷出孩子的情緒，然後將感受到的孩子情緒反應出來，那就對了！

② 爸媽完全不理會孩子的情緒時，會讓孩子有失落與孤單感

記得「情緒是要百分之百的被接納」。當孩子有情緒、情感的表露時，不管是正向或負向的情緒，請記得都要回應孩子的情緒，因為一個人的情緒感受沒有被回應，是會有很失落的感覺。試想，你因為一件事情正在難過、生氣、擔心⋯，卻沒有人知道時，你一定會覺得很孤單。若有人知道你有這些情緒，可是卻不理會你這些情緒，你除了感到孤單之外，還會有很強烈的失落感。

獨處或一個人並不可怕，但**孤單與失落才是讓孩子害怕**

及無法承受的。

③ 情緒的緩解需要時間，因此要懂得等待

這點非常非常重要，亦即當我們反映了孩子的情緒，即使他已經接受及感受到我們對他的接納，請不要期待孩子的情緒就會馬上緩解下來，接下來我們要讓孩子有機會學習處理自己的情緒，也就是要各位爸媽學習「等待」或「留白」，讓孩子有時間、空間、有機會，**用自己的方法來覺察及緩解自己的情緒。**

④ 當孩子在高情緒狀態時，講道理或責罵都會讓事情更惡化

這個道理很簡單，因為孩子情緒高漲的狀態是沒辦法理性溝通的。我們當然就是要先協助孩子將情緒平穩下來，再來談一些規範、規則或解釋讓孩子明白才會有效果。筆者常說：「**當孩子溺水的時候，不是教他游泳的時機。**」

三、要接納孩子的情緒，但也不要被孩子的情緒綁架

雖說我們要反映孩子的情緒、關注孩子的情緒，但也請注意不要被孩子的情緒所威脅或綁架。也就是要能分辨這是孩子正常的情緒反應，或是孩子利用情緒威脅或綁架父母。

1. 當孩子因為承擔或負責地面對事件時所引發出來的情緒，就要被爸媽所接納與安慰，如：考試前、比賽前的緊張焦慮、跌倒受傷時的難過……，我們當然要接納孩子的這些情緒，給予安慰、安撫。

2. 當孩子索取或逃避責任時所衍生出來的情緒，爸媽則要溫和而堅定地堅守原則。例如：孩子賴皮不遵守原先講好的規範、某些要求沒被同意（通常是物質性的東西）、做錯事情想逃避責任等，出現哭泣、生氣等情緒時，爸媽反而要堅持原則的處理孩子的情緒，亦即不要想緩解其情緒而同意其要求，而是要溫和而堅定堅守原有的規範，接下來就是給孩子時間去處理自己的情緒，而不是用物質來安撫其情緒。

以下是一位遊戲治療師的實務心得分享，他用與孩子對話的方式分享陪伴孩子的過程。

今晚是第三次遊療了，我放鬆心情等待你的到來。

隱隱約約聽見了你的哭聲，從樓梯傳上來了。

我手上拿著你喜歡的小熊布偶在門口等著你，你哭著看著我和小熊，四處望望，然後走向遊療室，突然，停下了腳步，又走回大門。

「對於這個地方，你還是有點害怕」

「看你一直低著頭，拉著媽媽的手，你不要媽媽離開。」我繼續反映你的心情與行為。

　　我發現你已不像上次那麼嚎啕大哭了。

　　然後，你走進遊戲室，選了沙箱和玩具，時而走向媽咪，時而又走回去玩。（還是有點啜泣聲）。

　　我還是繼續反映、反映、再反映。

　　「你回頭看媽媽是不是還在。」

　　「你拿著一輛汽車給媽媽看。」

　　「你摸了一下沙子，然後看著媽媽，好像要問媽媽，我可以玩沙嗎？」

　　「是的，在這邊你要怎麼玩都可以的」

　　我也沒注意，不知道什麼時候，你的哭聲停止了。

　　你把小屋裡的球搬了出來，玩著玩著。接著，你在一箱海洋動物的玩具裡發現了海星。

　　你好開心，一直拿著海星轉呀轉，還把海星放進沙箱裡。

　　「喔！有這樣的玩具。」

　　「你好開心地拿起來，喔！放到沙箱裡。」

　　「讓它在沙子上一直轉一直轉。」

　　「不停的轉！不停的轉！感覺上好像在游泳。」你回看了我一眼，好像我講對了。

　　就這樣，你一直玩著海星到遊戲治療時間結束。

　　結束前，你把雙手合攏比著游泳的樣子，知道你要跟我表達說：「海星會遊泳。」我說：「哦，你知道海星會游泳呢！」

今晚的療程，看見你又進步了。猶記前幾次你連遊戲室都不願意進來，走進來又走出遊戲室好幾回。

現在，你的哭聲大大減少了，玩著玩具，時而看看我，時而走向媽咪抱一下，然後把玩具遞給我。從你的表情、遊戲過程及看我的眼神，我似乎也慢慢地能瞭解你內心想要表達的想法或情緒。

謝謝你讓我有學習的機會，讓我學習如何去瞭解你的內心世界，透過遊戲與玩具協助你把你的需求、你的想法、你的情緒和情感表達出來。相信有一天，你會自己表達你的想法與需求。

祝福你，也祝福我自己，讓我們繼續在遊療的旅途上往前走。

孩子的情緒是需要百分百的被接納，而情感反映則是希望孩子接受到我們對他的情緒的瞭解與接納。但情感反映的目的不是讓孩子的情緒消失，而是需要給孩子多一些時間來緩解整理的。當我們能以這樣的態度來面對孩子的情緒反應時，才是真正的百分百接納。

四、「反映孩子情緒」可能的幾個謬誤

前述已分享了情感反映的重要，一個適切的情感反映，不僅可以促進彼此的關係，更能讓對方成長。但也有很多人誤解與誤用了情感反映，這些誤用常導致孩子的情緒氾濫或

情緒勒索的現象。以下就列舉幾個常見的迷思。

1 情感反映的目的不是讓孩子的情緒消失

很多家長或老師會擔心當我們回應孩子負向情緒的同時，是不是也在增強他們的負向情緒？亦即越是反映他的難過、哭泣，孩子反而哭得更大聲。

這的確是很好的一個問題。在此，筆者要強調的是「接納孩子的情緒，不代表同意他的行為」、「情感反映的目的不是讓孩子的情緒消失」。現在父母遇到的挑戰是－－當家長反映孩子負向的情緒時，孩子的行為及情緒不見得會很快就平靜下來，於是家長就會軟硬兼施地想安撫或壓抑孩子的情緒，其目的都是想讓孩子的情緒或行為消失，但這些軟硬兼施的方法並非在反映孩子的情緒。

　　「小明，不要哭了！爸爸下次帶你去遊樂園玩。」
　　「小明，不可以賴皮！要聽話，你最乖了。」
　　「小明，你每次都這樣吵！煩死了！再哭！回家就修理你。」

這些「不要哭了！」「不可以賴皮！」「每次都這樣吵！」…其實都沒有反映出孩子的情緒，甚至是否定、拒絕孩子的情緒。更嚴重的謬誤是這樣的反應都是在強調孩子負

向情緒所伴隨的行為。本書前面的章節有提到過的一個重要的觀念：「注意到孩子的什麼行為，那個行為就會被保留下來」。因此，「不要哭了！」「不可以賴皮！」「每次都這樣吵！」…這些反應不僅不是反映孩子的情緒，還增強了孩子的負向行為。因此，越是用這種方式反映孩子，就會覺得孩子越來越難帶，自己也帶的很挫折。

② 要適度反映孩子的情緒，但不需要一直反映孩子的情緒

雖說瞭解及反映孩子的情緒是很重要的，但很多家長或老師也會質疑，「我已經反映很多次孩子的情緒了啊！但孩子的情緒仍然還在啊！」這個質疑很一針見血地表達了很多人對情感反映的誤解。

很多人以為情感反映是要不斷地反應孩子的情緒，這句話不完全正確，亦即，當我們反映了孩子的情緒後，若孩子的情緒與行為都沒有緩解或有所調整，我們還要繼續反映嗎？

請注意！請注意！

做出適度正確的反映情緒後，請不要再一直反映孩子的負向情緒。

孩子的負向情緒常伴隨著一些哭、鬧、賴皮、生氣等等的行為，所以，若爸媽反映孩子的情緒超過兩次以上，而孩

子的情緒與行為都沒有緩解或修正時，請不要再有太多的反映。因為，這時過多的反映都會強化了孩子的負向行為。其實正確的情緒反映只要1-2次就夠了。記得情緒的緩解需要時間，因此要懂得等待與留白。

③ 對於違反規定或會傷害身心的行為，具體的規範比情感反映更重要

我們一直強調情感反映的重要，但也不是事事都要去反映其情緒的喔！例如，當孩子的行為是違反規定或會傷害到自己或別人時，其實我們就不要只是反映孩子的情緒，更重要的是需要清楚的將規定講清楚。

例如：孩子生病咳嗽卻吵著要吃冰。

「不讓你現在吃冰，你好傷心喔！」這是一個情感反映，但不見得會讓孩子聽話不吃冰。

「生病了，吃冰會讓咳嗽更嚴重！所以，不能吃冰！」溫和而堅定的表達，這才有可能讓不合於規定的行為消失。這在後面有關設限的章節還會詳細地說明。

四、情感反映有效的關鍵是反映出孩子內心的真正需求

談了幾個情感反映的迷思或謬誤，接下來想跟大家探討的是情感反映「有效的」關鍵：反映出孩子內心的真正需求。

「同學在背後說你的壞話，讓你很難過也很生氣！」

「弟弟在旁邊吵著要媽媽抱，讓你很生氣！」

「你心愛的鋼筆不見了，你好難過又好懊悔帶去學校。」

上述這些反映都是很好的，但這只做到了前半段，或說只是初層次情感反映，若我們能將孩子內心真正需求或感受反映出來，那孩子在感受到被瞭解、被接納的同時，更能促使他在情緒或行為上做出更適當的調整或修正。

「同學在背後說你的壞話，讓你很難過也很生氣！其實你真正在乎的是，會不會有人亂說話，而導致其他同學們都不與你做朋友。」

「弟弟在旁邊吵著要媽媽抱，讓你很生氣！其實你好希望，媽媽能專注的陪你講故事。」

「你心愛的鋼筆不見了，你好難過又好懊悔帶去學校！因為這支筆是爸爸送你的，你覺得很對不起爸爸。」

上述的情感反映就有反映出孩子內在的真正需求或感受。體會看看！應該是有所不同的。

五、面對孩子有強烈情緒反應或反應時間很長
　　的處理步驟

　　本章一開始即探討了孩子情緒反應會很激烈的三個關鍵的原因，情緒的被瞭解、被接納的重要，也分析了反映孩子情緒的幾個謬誤，接下來就來分享面對孩子強烈情緒反應時的因應步驟。

1. 不要增加孩子的不安全感。當孩子又有不合理的要求時，你不要再說「我不要你了！」、「我要離開你了！」、「你這樣子，媽媽不愛你了」等類似的話語。在孩子情緒反應越來越激烈的當下，父母應該在孩子身邊或孩子看得到的距離範圍，若是在自己家以外的地方，絕對不要做出掉頭就走的行為。

2. 你要看著孩子，然後反映他的情緒或要求，例如：「你生氣弟弟把你的玩具用壞了！」「你好想吃冰喔！」「你好想買那個玩具喔！」然後很短時間內接著進行第三個步驟。

3. 很明確的說出你的規範、你的界線或拒絕孩子的要求，例如：「你不能吃冰！」「不能再買這一個玩具」。

　　上述三個步驟就是在告訴孩子，媽媽會在這邊的，媽媽接納你的情緒，但媽媽不能接受你的行為與要求。雖然

此時孩子不會就乖乖配合，但至少不至於擴大孩子的情緒反應。

4. 這個步驟有些是重複著第二、三步驟。通常會再反映孩子的情緒，但不要超過三次。然後就是看著他，但有時孩子覺得你關注他，就以為你心軟了，你可能會同意，因而就更賴皮。面對這類型的孩子，那你就不要看著他，但要讓他知道你還在這邊，你沒有離開他、沒有拋棄他。若是在室外，可能你要留在原地，或強制的帶孩子離開。若是在自己的家，你可以一樣的在旁邊陪著孩子，也可以告訴孩子你在哪裡，當他需要的時候都可以隨時叫你。

「嗯！你還在氣媽媽不買玩具給你。」

「媽媽就在客廳，你想找媽媽的時候就可以到客廳來。」

5. 第五步驟其實是和第四步驟交替的，也就是要具體地反映孩子有做到的行為。

這個步驟其實是很重要且很關鍵的。多數的爸媽在面對孩子激烈的情緒反應時，都會一直焦點在孩子的情緒，殊不知在孩子在整理自己的情緒過程中，不會是瞬間情緒消失的。在情緒緩解過程中，孩子會有一些情緒緩解的跡象，如開始看著媽媽、拿衛生紙擦臉、注意力開始注意到周遭的事物等等，去注意及反映孩子的這些跡象是很好且

正確的。記得！每個人都需要被注意的，我們要注意到孩子轉變的地方，而不是要求他不要有情緒、不要哭、不要生氣。

「你拿衛生紙擦臉了。」
「嗯！你看媽媽，沒有哭了。」
「你想來媽媽這邊就過來吧！媽媽一直在這邊的。」

　　大概就是以上述五個步驟進行，前面三個步驟是基礎，到了第四、五步驟時，雖然還是有反映孩子的情緒，但已經逐漸將焦點從情緒轉移到孩子有做到的、改變的、進步調整的地方。整個過程最重要的是，爸媽表達了接納孩子這個人，但對於孩子不被接受的行為、要求或欲望，仍是很堅定的守著這條界線。

　　以下是一位學習結構式遊戲治療的幼稚園園長的實際操作分享。他和老師帶著大班小朋友到鄰近的公園上課。

　　今早帶著大班的孩子到公園去，刻意選擇了一條需要跨過寬度約一尺半的溝渠，然後還要爬上一個小小斜坡的入口。

　　六歲的小明，一走到溝渠前就「哇！」的哭起來，站在原地不動。

　　我先讓同事帶著其他孩子跨過溝渠，然後去公園慢跑。

我站在溝渠的另一邊等著他，專注地看著他。

「我知道你是擔心自己跨不過去，你會害怕，所以就才會哭。」

小明沒回應，繼續哭。

我蹲下身子看著小明對著他說：「我在這裡等你，我不會走開。」

孩子眼睛瞄我一眼。

（孩子每次面對一個新的事情或挑戰都會這樣地哭。這時我提醒自己不要焦點在他的哭。）

「我在這裡陪你。」這句話我重複地慢慢說了幾次。

「我知道你可以做得到的。」我知道他做得到，所以語氣是很篤定的。

我看到他揉眼睛，然後腳向前移動一點。

「我看到你向前一步。」我說。

他還是哭，可是雙腳慢慢向前移到溝渠邊。

「我看到你開始往前了，可是因為你在揉眼睛，我擔心你會沒看清楚。」

突然他不哭了。看著自己的腳，一蹬就輕易跨過，走向在斜坡上的我，對我輕輕地笑了。

我伸出手，他和我擊掌。我握了他的肩膀說：「我知道你做得到的，我相信你。」

我問他：「現在我們要在這裡等他們，還是去追他們？」

他馬上說：「去追他們！」

今天這樣地陪伴這孩子，特別滿足。我知道要先接納孩子的情緒，讓孩子知道我瞭解他，但又不要一直焦點在他的情緒，且讓他知道我在旁邊陪著他，並沒有指責更沒有拋下他。我反思，若我像過去一樣，沒有專注看到及反映孩子做到的行為，而一直想停止他的哭聲，那他一定一如往常哭著、僵持著至少一小時。

自我檢核與反思

父母情緒狀態自我檢核

要能做好情感反映，適當地反映孩子的情緒，讓孩子感受到被瞭解與尊重，親子關係自然就會越來越好。這樣的效能其基本前提，就是有個情緒穩定的父母。請自我檢核以下的幾個情境，分數越高就表示可能越需要做好自己的情緒管理喔！

1. 我覺得我好像一兩天就會大吼一次。
2. 我總覺得回到家比上班還有壓力。
3. 我有時會莫名地有情緒，我都懷疑自己是不是需要接受心理諮詢。
4. 我經常覺得自己好像要枯竭沒電了。
5. 我有時會因受不了孩子的情緒而處罰他。
6. 我會急於想讓孩子的情緒平靜下來。
7. 我經常對孩子說「不要哭」、「不准哭」、「不可以」等類似的口語。
8. 我看到孩子的樣子就很想罵他。
9. 每到孩子大考期間，我總覺得精神緊繃。
10. 我很容易沒耐心。
11. 對於教養孩子我常感到很無助。
12. 我很在乎別人對我孩子的評價。

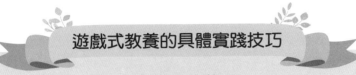

遊戲式教養的具體實踐技巧

「情感反映的技巧」

在華人社會中只要探討親子或師生關係，因為多了一份儒家強調「君君臣臣父父子子」的倫常關係，而使得親與子、師與生之間，彼此地位或權力是不平等的。在這樣的脈絡下，身為父母或老師的成人容易陷入一種「聽我的就對了！」的溝通型態，久而久之，就容易忽略孩子的感受。

「爸爸最討厭了，原本答應放假時要帶我去遊樂園玩，真的放假時。又說他很忙，等過段時間再陪我去玩，都是騙人的！」

「媽媽最討厭了，每次都要人家喝這苦苦的湯」

「為什麼弟弟還小，我的玩具就要給他玩，不給他玩，就說我小氣」

上述這些事情其實都生活中的點滴小事，有時孩子嘴巴埋怨一下，可能很快就過了，畢竟孩子還小，這一些小事，再哄一哄好像就沒事了。殊不知，一直忽略孩子的感受，會讓孩子覺得孤單、失落，更嚴重的就會養育出一個情緒反應強烈的暴衝兒。

研究指出孩子缺乏被瞭解、缺乏大人陪伴的環境下成

長，會使他們傾向暴力、情緒失控，目前臺灣的老師每天都要戰戰兢兢地看好他班上的「分心三寶」、「暴怒三寶」、「衝動三寶」（三寶是指班上的學生，用三比喻不止一位學生），這些孩子就像家中或教室裡的不定時炸彈，考驗著家長和老師的心臟強度。

「缺乏挫折忍受力」、「缺乏同理心」、「容易發脾氣」是目前中小學生情緒管理的三大問題。為何會這樣呢？一個重要的原因就是，大家都很忙碌，壓力也很大，導致大人們常忽略了孩子的感受，而只是急著想解決問題，只要不哭、不吵、成績進步就好。這也就更說明情感反映的重要性。

「情感反映」的技巧簡單說就是：說出你看到或感受到孩子內在可能的情緒狀態。在孩子遇到一些事件而自然出現的情緒時，我們都應該及時反應出來，因為完全不理會孩子的情緒會讓孩子有失落與孤單感，若是潑他冷水或否定孩子的情緒，那更是傷害孩子。

這有什麼好讓你這樣開心的
高興一下子就好 要繼續認真讀書
不准哭
自己不小心還敢哭
你就是愛生氣 真受不了你 去去去 不要煩我

反之，若你能即時把這些觀察到的情緒用口語表達出來，讓孩子知道你瞭解他此時的感受是什麼，也讓孩子經驗到被深入瞭解，這是一種很正向滿足的經驗，同時也讓孩子學習認識自己的情緒及接納各種不同的情緒經驗。

能把它組合起來　好開心喔
你好開心地告訴媽媽你考100分
玩具車不見了　怎麼都找不到　好難過
哇！破掉了　看你哭得好傷心　好捨不得喔
弟弟又把你排的積木用倒了　好生氣喔

人的情緒是很複雜的，所以做「情感反映」的技巧時，不要求百分之百的正確，但我們的態度是溫和的、接納的，讓孩子知道他是可以有情緒的。最重要的是，身為父母的我們，不要受到孩子的情緒反應，自己也產生了生氣、煩躁、難過等情緒，

（例一）
「你很高興你能把這個接起來了。」
「＊＊你看。」（拿給父母看）
「你很興奮你能把這個做好，也想讓我知道你的快樂。」

（例二）
「你很生氣，拼圖老是拼不好。」

「討厭死了，我不玩了。」（把拼圖丟出去）

「你非常地生氣，費那麼大的勁還是拼不出來，讓你氣到不想再玩了。」

「不同溝通類型之情感反映」

在瞭解了情感反映的重要與具體技巧之後，在此還特別將一般不同溝通類型的爸媽為例，如何經情感反映的技巧跟自己的溝通型態做整合，同時也讓爸媽自我檢核自己常用的溝通型態。

孩子一早準備上學時，發現自己的作業簿不見了，著急的找，眼看爸媽上班及孩子上課都快要遲到了，孩子急著在旁邊哭。身為父母的你會怎樣反應呢？

理智型 「還好意思哭！早就告訴你，東西要收好，每天晚上睡覺前，一定要整理好東西。」

拯救型 「來！來！爸爸幫你找，不要哭了！」

冷漠型 「活該！不管你！」逕去獨自準備出門！

否定型 「爸爸就要遲到了，不准哭！放學回家再算這筆帳，東西都不收好！」

上述四種反應代表著四種不同溝通類型家長的特質，沒有什麼對錯好壞，但是透過上述例子讓每位爸媽更清楚自己

的溝通類型，也是不錯的學習。

最重要的是上述的例子中的這四種類型的爸媽都少了「情感反映孩子感受」的重要元素。若能在做上述的反應時，加上反映孩子感受，同時刪掉自身的情緒反應。那可能不再是理智、拯救、冷漠或否定型的家長！

「都找不到作業簿，好擔心到學校會被老師處罰，以後東西要收好，每天晚上睡覺前，一定要整理好東西。」

「都找不到作業簿，好擔心到學校會被老師處罰，爸爸幫你，但若五分鐘內沒找到，我們還是就要出門囉！」

「都找不到作業簿，好擔心到學校會被老師處罰，你繼續找，我去準備將車子開到門口等你！」

「都找不到作業簿，好擔心到學校會被老師處罰，但是爸爸就要遲到了，我不能等你了！走吧！」

就上述例子而言，或許孩子還是沒找到作業簿，他必須帶著他的擔心上學去，讓他自己面對到學校後的壓力，這也是一種學習，爸媽其實不要干涉或介入太多。在這邊要強調的是，不管家長是屬於哪一種類型的溝通型態，只要能反映出孩子的感受，都會讓孩子感受到爸媽對他的瞭解，畢竟「情感反映是良好人際互動必備的要素。人與人的相處若少了情感的瞭解與支持，不僅容易有爭執，更無法有親密的關係」。

停、看、聽：聆聽孩子的想法及弦外之音

　　相信大家都看過或聽過「木偶奇遇記」的故事，故事中的男主角皮諾丘活潑好動又愛玩，當他接觸到外在花花世界的新奇、有趣又好玩的誘惑時，經常受不了外界的誘惑，而出現許多不好的行為，故事中最經典的壞行為就是說謊。皮諾丘一說謊鼻子就會變長。

　　各位爸媽知道嗎？孩子之所以說謊、鼻子變長，就是要掩飾內心真正的需求、欲望。為什麼孩子要掩飾呢？絕大多數的原因是「怕被爸媽罵」。今天，如果爸媽能早早敏銳地覺察到孩子內在真正的需求或欲望時，說謊、鼻子變長……，甚至更偏差的行為就不會出現了！

若要你回想童年一個快樂的回憶，你想到的會是什麼？

絕大多數的人記得的多半都是「玩」、或是你跟著某人一起做一件事情、或是有人陪著你做一件事。這樣的過程有時是充滿歡樂與興奮的氣氛，有時則是一種輕鬆中帶著淡淡喜悅的氣氛，不管怎樣，就是有著一種被陪伴的感覺。不管你的年紀是多少，在人生的過程中，有個瞭解你的人陪著你是多麼重要的一件事。傾聽跟陪伴是相輔相成的！有一個瞭解你的人陪著你、聽你說，這過程就會給你滿滿的力量，讓你更有能量地面對你的困境與壓力。

「聽」雖然是本能，卻不是人人都「會聽」。人際關係建立的根本在於傾聽，會聽才能有所成長，若光只是說，沒人要聽、沒人要回應，那無助於關係的增進。那就像棒球賽，只有投手、沒有捕手，不能成賽。只會說卻不會聽，也不能造就一個好的溝通與好的關係。

因此，本章要說的是「**良好的關係起始於用心聆聽**」。

這句話的道理大家都能接受，但這是不容易做好的喔！就好像前面說的，「聽」雖然是本能，卻不是人人都「會聽」。

要建構一個優質的親子關係，那當然要更進一步的跟大家討論如何做到「良好的關係起始於用心聆聽」。用心聆聽是一個抽象的概念，遊戲式教養有幾個基本概念，可以將用

心聆聽轉化成具體的做法，以達到建立良好的關係，在此介紹這幾個步驟：

1 首先基本功是「專注的陪伴～停、看、聽三步驟」。

停：也就是停下手邊所有的事情，不要一邊狀似陪著孩子，一邊還在做自己的事情。不僅停下手邊所有的事情，還要不去想著還有哪些事情沒做完，這樣才有可能做到所謂的專注陪伴。

看：專心、專注地看著他。請你打從心中的願意與欣賞的態度看著孩子，孩子才會覺得你是在陪伴他，而不是在監督或觀察他的言行。

聽：就是很有興趣的聽他講，請先好好地聽他講，有耐心地讓孩子講完話，不僅不要打斷他的說話，更不要急著提醒、糾正或教導孩子。記得這句話：「**要孩子聽你的話，請先學會聽他講完話。**」

停看聽就是一種百分百的專注，這種專注會讓人覺得自己是被喜歡、被接納、被肯定。請你拿出或想像熱戀中的男女朋友互動時的態度，都是將「停看聽」做到最佳的貫徹。

在此舉一個現實生活中經常發生的實際例子。

今天放學一回到家。小明拿著一張在學校畫的海底世界

圖，興沖沖地跑到廚房，要給正在忙做晚餐的媽媽看。

　　此時的媽媽正忙著做晚餐，要邊做晚餐邊回應嗎？要停下做晚餐的事情來回應孩子嗎？該怎麼回應才算好呢？又能兼顧做晚餐的事情，又可以對孩子做到很好的回應。

媽媽的回應一：

　　「媽媽，你看這是我在學校畫的！」小明很興奮地說。

　　「喔！好漂亮！」媽媽一邊忙著炒菜，轉過頭看著小明的畫回應。

　　媽媽繼續忙著炒菜。

　　小明還是站在原地。

　　「這邊很危險，你去客廳等媽媽煮好晚餐，快去客廳，乖！」

　　小明拿著他的圖畫紙走去客廳。

　　等到媽媽煮好晚餐。

　　「大家一起來吃晚餐了！」

　　小明拿著圖畫紙到餐廳。

　　「小明，要吃晚餐了，圖畫紙收起來。」

　　「可是你都還沒看！」小明委屈地說。

　　「媽媽剛才就看了啊！」媽媽對著小明解釋。

　　「沒有，沒有！剛才這樣不算！」小明有點生氣、有點委屈地說。

　　很多爸媽可能不瞭解小明為什麼覺得媽媽剛才的看，是

不算數的。其實道理很簡單，因為孩子是以一種很興奮、很期待的心情，興沖沖地專程跑到廚房要給媽媽看他的作品，然而媽媽僅是回頭看一眼，說了一句「喔！好漂亮」，對孩子而言，當然是不夠的，孩子會覺得媽媽只是隨便回應一下。也就是說**沒有做到停看聽**。

但此時媽媽在廚房忙著做晚餐，是真的不宜做回應啊！

沒錯！在這樣的環境的確不適合做反應。記得在第三章也曾提到，不要做一個「等一下」媽媽，此時最正確的做法，是先給孩子一個具體的時間，然後等到那個時間再進行回應。

媽媽的回應二：

「媽媽，你看這是我在學校畫的！」小明很興奮地說。

「喔！小明，你很想要媽媽看你在學校畫的畫齁？」媽媽一邊忙著炒菜，轉過頭看著小明的畫回應。

「對呀！對呀！你看！你看！」小明很興奮地說。

「可是現在媽媽要趕緊把晚餐煮好，這樣好不好？媽媽煮好晚餐，就先到客廳看你的畫，然後再吃晚餐。」媽媽轉過頭看著小明回應。

「好！」小明拿著畫回到客廳。

當媽媽煮完晚餐，當然就要優先到客廳看小明的畫。

「小明，媽媽現在可以看你畫的圖了，來！拿來給媽媽

看！」媽媽坐了下來，認真的欣賞畫作。

「媽媽，你看！這是我畫的海底世界喔！」小明很開心地拿給媽媽看，邊拿邊說著。

「喔！媽媽看到你畫了三隻彩色的魚，還有一隻螃蟹，好多海草喔！然後旁邊有隻大魚，嘴巴張得大大的，好像要……」媽媽認真專注地看著小明畫的海底世界，然後一邊將看到的內容做描述。

小明很開心很滿足的看著媽媽，當媽媽講到「好像要……」，小明馬上就手指著張大嘴巴的大魚說。

「對啊！這隻大魚就是要吃那幾隻彩色的小魚！」

「喔！」

「然後這些彩色的小魚就會叫他們的朋友，一起排成一隻更大更大的大魚，那就可以把這隻大魚嚇跑了！」

「喔！原來小魚會排成一隻更大、更大的魚。」

「對！……」

透過上述的親子互動過程來進一步闡釋說明「停看聽」的內涵。

停：當然是停下手邊所有的事情，但不代表都要馬上停止手邊所有的事情，例如媽媽正在煮晚餐之際，就不能馬上停止炒菜的動作。此時，要跟孩子很具體地說自己可以停下事情的時間。例如說「媽媽煮好晚餐，就先到客廳看你的畫，然後再吃晚餐」，當媽媽煮完晚餐之後，就可以停下所

有的事情，很輕鬆地進行下面的步驟。

看：當然就是專注地看著孩子的表現或孩子的行為並做反應。但孩子呈現的是一幅畫或是一個作品時，我們並沒有看到孩子創作過程的行為與表現，此時，我們這個「看」就可以擴充到「看」他的作品，也就是要具體的回應你「看」到的內容，「喔！媽媽看到你畫了三隻彩色的魚，還有一隻螃蟹，好多海草喔！……」。

聽：當然就是聽孩子的描述。在「停看聽」這三個步驟中，當爸媽能落實地做到「停」跟「看」時，孩子就會得到很大的滿足與肯定，孩子會很願意多說一些他的想法，或補充你看到的內容。就上述例子，當媽媽反應「然後旁邊有隻大魚，嘴巴張得大大的，好像要……」時，相信孩子會很樂意，主動地補充他所要表達的內容。此時，你更可以瞭解到孩子內在的想法或是他的解釋、他的觀點。

2 「聆聽」的第二個要點是，要將關係推展到更好的一個水準，就是要能夠「聽出弦外之音」。

每個行為的背後都有他的動機、需求、渴望等心理或生理的需求。生理的需求比較具體明顯，也容易被瞭解，但心理的需求，就需要家長用心聆聽囉！在日常生活中有很多時候要直接的表達內心的動機、需求、渴望……時，對孩子而言是會有壓力或難以啟齒的，例如孩子很想吃桌上的蛋糕，

但又擔心會被罵，所以，就一直盯著桌上的蛋糕看，或是一直問大人「桌上那個是什麼？」、「蛋糕是誰買的啊？」等等，這些問題都不是孩子真正的意圖，我們知道孩子其實是想吃蛋糕的。

關係建立與培養的一個重要元素，就是被瞭解、被接納。試想，當一個人難以表達一件事情或面對壓力困境時，若有人能瞭解他的困窘或壓力，一定會有助於兩人關係的建立。實際生活中，當孩子提出一個有別於平常的問題或需求，你用一般的方式、方法回應，卻沒能解決孩子的問題，此時，請靜下來想想：孩子的問題是不是有隱藏的「弦外之音」？

記得！用心聆聽才有可能聽出孩子的「弦外之音」。

以下用兩個生活小情境來說明。

[情境]上個月侄子回家來玩，我下班後帶了一盒小餅乾回家，侄子很喜歡，所以餅乾吃了不少。接近吃晚餐時，媽媽還沒煮好晚餐，侄子或許有點餓了。

「爸爸，你要吃餅乾嗎？」侄子走向他爸，對著他爸爸問。

爸爸正在看報紙，好像沒聽到。

「爸爸你要吃餅乾嗎？」侄子鍥而不捨再問一次。

「不要！」爸爸很斷然地回應。

　　佺子無語的一直看著他爸爸。他爸爸刻意的一直看著報紙不理會佺子。

　　約莫僵持了2分鐘。

　　「你很想要再吃餅乾齁～」我看著他並回應他。

　　「對啊！」被看出心意，佺子一臉靦腆的說。他老爸在一旁笑出來。

　　「可是已經很晚了，明天才能吃喲！」我堅定的告訴他。

　　「喔！明天再吃……」佺子沒有任何情緒地轉身去玩玩具了！整夜沒再提問吃餅乾的事了。

　　情境 有一天，我們一群人到朋友小張家中吃飯，看到桌子旁放著我們帶去的一個大大的餅乾盒。

　　「這個盒子裡面是什麼啊？」小張的小孩詢問著。

　　「裡面是糖果跟餅乾啊！」小張不假思索的回應。

　　「哦，是餅乾跟糖果喔」小孩小聲念著。

　　過了不久，又聽到孩子詢問：「這個盒子裡面是什麼啊？」

　　「裡面是糖果跟餅乾啊！」一樣的回答內容。

　　孩子不放棄地繼續再問了幾個客人。

　　「裡面是糖果跟餅乾啊！」每個人的回答都很一致。

　　「哦，是餅乾跟糖果喔！」每次孩子都同樣小聲的說著。

　　接著，孩子也跑過來問著我說：「那個盒子裡面是什麼

啊？」

我心想，終於輪到我了吼！

「裡面裝著餅乾跟糖果啊！我知道你很想打開來看看裡面的樣子。」我拿起了盒子，對著他說。

「你很想嘗嘗看餅乾跟糖果的味道？」孩子很專注地睜大眼睛看著我。

「不過因為現在要吃飯了，所以，我們等吃完飯之後，再來吃盒子裡的餅乾跟糖果。」

「好！」小孩竟然是開心的對著我說。沒有任何爭吵賴皮的反應。

接下來孩子主動到廚房幫忙拿碗、盛飯。

我發現在那一餐，孩子似乎吃的特別的快……。我想是因為他知道吃完飯，就可以吃餅乾了。

上述的這兩個生活小例子，可以真實的反應出，當孩子心裡面有不好啟齒的意圖、渴望、需求或動機被反映出來，其實就是一種深度的被理解，當孩子感受到被深度的理解之後，情緒及配合度都會變得更好。另外，要強調的是當我們聆聽到孩子不好啟齒的意圖、渴望、需求或動機時，並非當下就要馬上滿足孩子的這些意圖、渴望、需求或動機，只要先做反映，然後具體的告訴他們界線或規範，多數孩子都會配合的。

情境 偌大客廳裡只有小女兒和我，而我正吃著橘子。

小女兒在沙發的一旁說：「這個會酸。」

心裡猜想她應該是想吃：「妳想要吃橘子喔。」

小女兒回答：「沒有。」

我心想：正好，那就我自己享受囉！

孰不知，小女兒沒有離開，而是更靠近的坐在我旁邊。

我瞧她盯著橘子看，於是說：「好想吃喔，可是怕會酸。」

小女兒點點頭。

「今天的一點都不酸喔，給妳。」我拿著橘子給她。

小女兒立刻拿走並放入口中，很快的又對我說：「我還要吃。」

有好幾次小女兒表現出想吃的樣子，我也反應說出她想吃，但都得到「不是」的回應。沒想到，這次，雖然也是一開始說不想吃，但她行為所表現出來的是想吃。不同的是，這次我有讀到她更深一層的心理感受「好想吃喔，可是怕會酸」，我幫女兒表達出內心的需求，最終她就吃起了橘子。

以上這個小小的例子說明，能聽出孩子的弦外之音並做出適當的反應，才是做到高品質的陪伴，也才能培養出優質的親子關係。

3 「聆聽」的第三個要點是，可運用類似情緒臉譜媒材，引導情緒背後更深層的情緒、想法、觀點或對自我的評價。

當孩子迂迴的表達他的弦外之音時，若很明顯的出現情緒反應，那除了要反映出孩子的情緒外，更要從孩子的情緒中，探索情緒背後更深層的情緒、想法、觀點或對自我的評價。

在親子關係的建立與互動上，筆者一直很強調反映出孩子情緒的重要，因為「情緒是百分百的要被接納」，試想孩子在學校被老師或同學誤解時，可能有著很深的委屈、生氣等情緒。回到家時，他很想把這些委屈、生氣講給媽媽聽時，若媽媽能讓孩子將他心中的委屈與生氣充分的表達完後，我想他心情就會好多了，就更能夠調整好情緒去做該做的事情。

若媽媽根本就沒有好好的聆聽或不接納孩子的情緒，還責備他，那他原有的委屈與生氣會變得更強烈，也可能又增加更多的傷心、不滿或無奈。

由此可知，反映孩子的情緒，在生活當中真的是一件相當重要的能力與習慣。

事實上情緒是很複雜的，若某個事件或情緒長久被忽略或壓抑之後，會衍生出更多細微且複雜的情緒。例如弟弟將哥哥的飲料喝了一口，哥哥就暴跳如雷地要打弟弟，這會讓爸媽很難接受與理解，只是喝一口飲料，有那麼嚴重嗎？其實哥哥之所以會有如此強烈的情緒反應，一定是累積或壓抑了很多的情緒。這些情緒除了生氣之外，可能包括不公平、

難過和委屈等。

以下，就是一個上過遊戲養育課程的媽媽，應用了情緒臉譜引導哥哥表達－「飲料被弟弟喝了一口時的心情有哪些？」在哥哥表達的過程，才讓媽媽瞭解他內心真正的情緒感受。

哥哥選出的情緒有「生氣」、「不公平」、「難過」和「委屈」。

生氣：因為弟弟沒有經過我同意，就喝了我的飲料。

不公平：上次我吃了弟弟的餅乾，媽媽就罵我，但這次媽媽就說喝一口飲料而已，有什麼關係？媽媽不公平！媽媽偏心！

難過：弟弟喝我的飲料，媽媽還罵我，我就很難過、很難過。

委屈：哪有這樣的？每次都這樣，每次都叫我讓弟弟。我不要！我不要！

從上述哥哥不同情緒的分享內容，就可以讓爸媽更瞭解孩子暴跳如雷（生氣）的背後，竟然還有不公平、難過和委屈等情緒。同時，因為有情緒臉譜的幫助，也能引導哥哥把這些更深層的多種情緒，以及伴隨這些情緒的想法、觀點或對自我的評價表達出來，那是一個很有正向效果的對話或輔

導過程。

　　筆者在此誠摯真切地跟大家分享情緒臉譜此套圖卡的價值。此套圖卡是鄭如安博士根據「情緒的類別」、「兒童的情緒發展」和「情緒的正負強弱架構」等理論為基礎，加上其超過20年的結構式遊戲治療經驗編撰而成，此套圖卡共歸納出「喜、怒、愛、樂、憂、思、悲、恐、驚」七類50種的不同情緒，同時為能運用到不識字的幼兒，還搭配這50種情緒的表情，所以此圖卡稱之為「情緒臉譜」。上述例子，若沒有情緒臉譜這套媒材的協助，我們是無法充分地反映出哥哥背後的那些很細微的情緒。即使直接問哥哥，哥哥也無法完整地說出這些情緒。導致我們即使做情感反映，也都只是反應出很表面的情感，如生氣、難過…。所以，當你發現孩子在某些事件上的情緒反應，特別強烈或持續特別久時，建議您試著運用這套情緒臉譜媒材，引導孩子將他感受到的情緒選出來、表達出來，這套情緒臉譜媒材可以協助孩子表達出更深層、更細微的情緒。

　　家長或學校老師也可以運用情緒臉譜媒材，來試著瞭解孩子在面對某些事件而有強烈情緒反應或行為時，孩子內在可能有哪些的情緒及伴隨的想法。

　　以下邀請一些家長分享他們的發現。他們藉由運用情緒臉譜與孩子對話，瞭解小朋友們在學校被取笑，而與同學發生衝突，其可能的內在情緒有哪些？

情境 小明長久以來一直被同學笑很胖，今天阿雄又笑他胖，小明忍無可忍的揮拳打了阿雄。事後兩人都被老師處罰並通知家長到校。若你是小明，針對這個事件，你覺得小明會有哪些的情緒？並請揣摩小明伴隨這這些情緒的想法是什麼？

以下是一些小朋友們的答案：

（1）如果我是小明我會覺得…

生氣：因為被同學欺負，又被老師處罰

難過：因為被嘲笑

抱怨：同學的錯，為什麼自己要被懲罰，還讓爸媽來學校

不公平：明明是同學的不對，為什麼自己也要被懲罰

傷心：覺得很傷心，為什麼會發生這些事

（2）如果我是小明我會覺得…

怨恨：我才是受害者，為什麼都變成我的錯

不公平：老師偏心，都只相信成績好的同學

無助、恐懼：不知爸媽的反應會是什麼

孤獨：都沒人瞭解，站在我這邊

（3）如果我是小明我會覺得…

生氣：每天講我胖，胖，不可以咩？

討厭：你瘦很了不起嗎？為什麼要一直講我胖！

自卑：別人都瘦瘦的，只是我胖胖，跟其他人不一樣。

自責：其實，我不應該打他。但是，是他先講我的。

焦慮：要見爸爸媽媽，怎麼辦？

（4）如果我是小明我會覺得…

孤單和無助：小明從小被同學嘲笑，覺得沒有人瞭解他，沒有朋友很無助。

憤怒和不公平：為什麼肥胖就一定要被嘲笑，為什麼那麼不公平，胖就胖啊！礙到你了嗎？（經過每一次的嘲笑，積累的情緒，小明心裡當時可能的想法）

害怕和擔心：因為一時的情緒而打了同學，衝動過後，學校通知家長到校，事態嚴重，會很害怕擔心，害怕被父母老師責備，擔心受懲罰。也開始會有點後悔自己當時的舉動。

運用了情緒臉譜這樣的媒材之後，大家都有一個共同的體會就是，有了情緒臉譜更能夠協助他們理解孩子更深層可能有的情緒，以及孩子伴隨這些情緒而有的想法、觀點或對自我的評價。

綜合上述三個重點，即是一種停看聽的專注態度。以聆聽孩子的聲音，尤其是弦外之音，若能用心瞭解孩子並適度的反映孩子的情緒，再透過情緒臉譜媒材的運用，則更能引

導孩子表達出情緒深層的想法、動機、需求等等，那就更好了。

「良好的關係起始於用心聆聽」。切記這個用心聆聽，即是「專注的陪伴～停看聽」，而最重要的是要聽出孩子的弦外之音，並反映出孩子內心深處的情緒喔！

自我檢核與反思

孩子最不敢說的十件事情

　　當孩子面對一些事情不敢說時，他的言行可能都會有異於平常，此時多數的家長都會察覺到，今天孩子大概有一些不愉快的事情發生了。所以，我們可能要從孩子表面的言行，去瞭解這些言行背後的意義或意圖。

　　以下我們整理了兒童最不敢說的十件事情，供各位爸媽參考。

1. 被師長糾正

範例說明

　　小明一向都很喜歡分享平常發生的事情，對於被誇獎被讚賞的事情一定會回來再三強調，但「被老師罵或是特別被老師糾正」之類的負面事件就幾乎隻字不提，例如：因為挑食、上課愛說話、被罰寫等被老師糾正，而媽媽主動詢問或向小明確認，小明會迴避或是不願回應，反而反問媽媽為什麼要那樣問他，或是回應說「忘記了」。

2. 想要或想做被禁止的事

範例說明

　　小明感冒了，但天氣很熱，想要喝冰冰涼涼的飲料，明

知道媽媽不會同意，就叫弟弟去跟媽媽說，他想喝飲料，希望媽媽能夠同意。

小明很想要最近流行的指尖陀螺，媽媽平時不准他亂買玩具，所以他就找藉口說：「同學每一個人都有，玩指尖陀螺會讓人聰明。」

3. 弄丟或弄壞東西

範例說明

小明把媽媽買的腳踏車弄丟了，腳踏車價錢很貴，怕被家人責罵，再也不能買新的，就一直隱瞞、不敢說。

4. 成績退步

範例說明

小明期中考將近，卻迷上網路遊戲，媽媽一直提醒他用心準備，但小明卻不以為意。結果期中考成績很差，不敢讓家人知道。

5. 打傷別人

範例說明

小明和朋友因故吵架、打架，以致於朋友受傷，小明害怕被責罵，不敢告訴父母。

6. 受傷了

範例說明

　　小明走路不小心跌倒受傷，雖然很痛，但怕被家長責怪走路不專心，沒有保護好自己，以後或許就不能出去玩，所以不敢告訴父母。

7. 沒做好爸媽交代的事

範例說明

　　小明爸媽出門前交代功課要完成，小明卻貪玩未做，怕被父母責罵，不敢如實以告，謊稱做完了。

8. 覺得大人很煩

範例說明

　　小明的媽媽要求小明要參加補習班，好好準備考試。小明不想去上額外課程，但不敢反駁，怕說出來不能被接受，或是反抗無效。

9. 怕被家人干涉

範例說明

　　小明計畫和朋友挑戰騎腳踏車去百貨公司玩，怕家人會干涉他的計畫，因此選擇不讓父母知道。

10. 對性的好奇與認同

範例說明

　　小明對性很好奇，趁著父母不在家時流覽色情網站和色情漫畫。

　　小華喜歡同性，怕家人不能支持他的性向，所以選擇隱瞞。

遊戲式教養的具體實踐技巧

「反映意義的技巧」

「反映意義」技巧也可說是「反映內容」、「反映意圖」。這是一個簡單但卻又能接觸到孩子深層內在想法的技巧。若能夠做到反映意義，也就代表陪伴者能夠聆聽到孩子的「弦外之音」。

從「反映內容」、「反映意義」到「反映意圖」都是一種高品質的聆聽展現，**父母因專注陪伴所以能聆聽到孩子的需求及弦外之音，再透過與孩子言語互動充分反映出其內在的意義，這會是相當具效能的陪伴品質。**

在此將「反映意義」技巧的內涵分幾個層次來介紹。

❋ 最基本的就是將兒童遊戲的內容反應出來，有點類似「追蹤描述行為」技巧。尤其當兒童呈現的是一個靜態作品，如圖畫、黏土作品等創作時，此時反映你看到的作品內容，其實是和「追蹤描述行為」技巧的「把你看到的反應出來」，幾乎是一樣的。

看著孩子拿出好幾輛汽車，一輛一輛衝過去，然後又撿回來，在一輛一輛衝過去，嘴巴還大聲說出：「這次紅色車

子勝利！」

　　「所以，這些汽車在比賽誰跑的比較快？」

　　孩子興沖沖的拿出一張他畫圖作品給媽媽看。

　　「媽媽！你看這是我在學校畫的作品。」

　　媽媽拿起孩子畫的圖，仔細地端詳後反應。

　　「我看到你畫了一個太陽、一棟房子，屋頂上還有煙囪…」

❀ 在進行反映意圖技巧時，可試圖將當下兒童的想法反應出來。有時甚至可以試著以第一人稱反映。

　　孩子把三輛汽車排好之後，開始將前面散落滿地的玩具一個一個移開。此時陪伴者看懂孩子是想騰出一個通道、空間，好讓這三輛汽車比賽哪輛跑得比較快。因此陪伴者就可以反映孩子想要移開玩具的意圖。

　　「走開！走開！不要妨礙到這三輛車的比賽。」

　　「不要妨礙我要看哪輛汽車跑得比較快了。」

　　兒童將妨礙汽車比賽的玩具移開，此時的「不要妨礙我要看哪輛汽車跑得比較快了」就是兒童玩遊戲當下的想法、意圖。

❀ 遊戲治療過程中，兒童很專注地在思考、在想要玩什麼

玩具或怎樣的遊戲內容時，治療師將孩子的這個「想、思考的內容」，反應出來也很具「反映意義」技巧的內涵。

孩子在擺設一個動物園的過程，一邊選動物，一邊幫他們想該擺在哪個位置。

「你在想，還可以再放什麼進去？」

「你抓抓頭，在思考接著這隻獅子可以擺在哪邊？」

❋ 遊戲治療過程中，看到兒童的遊戲內容所呈現的模式或脈絡給予反應。

例如：兒童玩車子的過程，只要車子開進沙箱，每輛車子就會被埋起來。

這種遊戲脈絡通常是孩子玩出一個重複的遊戲，這其實是很有意義的，**鼓勵家長把這樣的重複模式反應出來。**

孩子在玩著車子，然後每輛車子經過一個十字路時，就會被孩子拿到沙箱中埋起來。

「喔！只要經過這裡，都會被埋在沙子裡。」

兒童將每輛汽車一輛一輛的相撞，然後較弱的那一輛汽車就死掉了，最後連最強的那一輛也累死了。

「一輛一輛的死掉了，最後這輛也累死了！」

「喔！這些汽車全部都死掉了！」

✻ 透過對孩子行為、心情、情緒的觀察與瞭解後，你對孩子有更進一步的認識，便可將孩子行為背後所要傳達的意思表達出來。這麼做的目的是在說明孩子明白自己行為背後的動機，幫助孩子更深層的瞭解自己。

我常舉一個簡單的例子來說明，就是當孩子一直告訴你：

「媽媽！桌上有一包糖果呢！」
若你說：「嗯！媽媽知道。」
「媽媽！你看桌上有一包糖果呢！」
「嗯！我有看到，我知道。」
「媽媽！你看桌上有一包糖果呢！」

試問，你還要回答「我看到了」、「我知道」這種內容嗎？

孩子背後的意義是「媽媽！我想吃糖果呢！可不可以？」

所以，若你蹲下來看著他說：「你很想吃桌上的糖果，對不對？」

　　我想孩子給你的回應一定不一樣了，因為你真正接觸到他的內在，你瞭解他背後的意義和動機。

　　「喔！你想吃桌上的糖果。」
　　「喔！你很喜歡我這樣陪你玩，希望下周還可以繼續來玩。」
　　「你再告訴我，你有學英語喔！」

　　下面是一個小學五年級男生的媽媽學習過遊戲式教養課程後，實際反映孩子行為背後的意涵的例子。

　　我的兒子有一次在摩托車上惹我生氣，然後我就不想講話，我就繼續一直騎，過沒多久，他就一直碰媽媽的腰。
　　我就說：「怎麼了？」
　　他說：「沒有。」
　　我就繼續騎，然後我說：「有，你剛剛一直碰媽媽的腰，意思是想知道媽媽是不是還在生氣?若媽媽有回答，就表示媽媽不生氣，沒有回答，就是媽媽還在生氣。」
　　他說：「對！你怎麼知道？」

　　當這位媽媽說出其兒子行為背後的意涵後，他兒子非常驚訝地說出「對！你怎麼知道？」，他很驚訝媽媽居然懂他的內在的想法。這位媽媽表示，在還沒上課前，他是經常對孩子一直嘮叨和講道理。現在學習這樣的方式回應之後，發

現孩子變得更聽話與配合了，而且孩子還表達媽媽變得比以前更好。

❀ 有時，還可能是將遊戲內容與兒童議題連結，並加以反應出來。

一個住院病童玩出每次要開刀時，第一次發生了地震，所以手術要延遲。第二、三、四次則分別是發生了颱風、停電、醫生來醫院途中發生塞車等等狀況，導致一直無法順利進行開刀手術。

「發生那麼多的事情，都無法順利開刀，我猜**其實也是很擔心要到醫院開刀的。」

面對抗拒、不善溝通表達、甚至一點小事就會有強烈反彈的兒童，筆者相信這類兒童經常都有一種被拒絕或沒有被瞭解的感受。此時，家長若能看懂孩子這些行為背後，更深層的動機、意圖、渴望…，並將其反映出來，經常是能夠很有效改善兒童的問題。

反映意義技巧是試圖將感受到孩子內在的動機、意圖、渴望…反應出來，這也表示治療師不必做到百分百正確的反應，但大方向對了，治療師的態度對了，就可能會產生效果。

範例說明

（例一）

孩子在黑板上寫「2＋5＝7」。

追蹤行為的話會説：「**你把他們加起來。**」

但是如果跟孩子已建立好關係，想擴展行為的意義，可以根據對此孩子的瞭解説：「你想讓我知道你會加法。」

（例二）

「下次還是只有我一個人跟媽媽玩嗎？」

「你喜歡我用這樣的方式和你玩！」

（例三）

「媽媽！我告訴你這個就是這樣弄，這樣你會不會？」

「你很想教我怎麼修理它，我試一下看看。」

（例四）

「媽媽，妳知道嗎？隔壁小明說他爸爸今天要帶他去吃麥當勞喔！」

「喔！你也很想去吃麥當勞齁？」

（例五）

孩子很專注地看著積木的示意圖。

「媽媽看你好專注地看著這張示意圖，你再研究要如何把他組合起來喔！」

三隻小豬蓋房子－要用稻草？樹枝？還是磚塊呢？

― 談遊戲式教養之培養孩子負責任 ―

提供機會給孩子做選擇，就是培養孩子負責任的開始

　　童話故事裡豬媽媽要三隻小豬自己想辦法蓋房子，豬大哥選擇用稻草蓋房子，大野狼一吹房子就倒了；豬二哥用樹枝蓋房子，大野狼一來大口一吹，房子也倒了；豬小弟最勤勞、不怕辛苦，搬來重重的磚塊蓋房子，大野狼不管用多大的力氣都吹不倒房子。故事結尾，豬小弟終於可以住在穩固的家裡，過著幸福快樂的日子了！

　　雖然這是一個童話故事，但豬媽媽給豬兒子們完全開放的機會做選擇，卻是筆者非常欣賞的。

　　筆者非常喜歡這個主題：「提供機會給孩子做選擇，就是培養孩子負責任的開始」，因為能負責、肯負責是多麼重

要的一個特質。若有人問你：「你是要培養一位追求高分、滿分的孩子，或是一個願意承擔及負責任的孩子呢？」筆者想你一定會回答說：「我要培養一位願意承擔及負責任的孩子。」其實這個問題真正的內涵是：**只要能培養孩子願意承擔及負責任，他就會自發地追求卓越。**

與本主題相關的重要概念與各位讀者分享：

一、退縮不負責的內涵與類型

當孩子長期不負責或不為自己的事情承擔後果之後，他除了凡事不負責任之外，還會逐漸變成一位退縮甚至自我封閉的人，也就造就出現今社會中經常出現所謂「啃老族」、「媽寶」、「宅男」或「宅女」的青少年或成人。所以，本章所提的退縮不是那種受到驚嚇，而不敢再接觸人事物所形成的退縮，而是一種長期不願意走出舒適圈，不願意再接觸外面人事物的環境，不願意學習新的事物的樣態。這樣的退縮其實包含了沒有自信、沒有責任感、不願意負責或沒有能力負責的內涵。

在瞭解不負責及退縮的相關內涵之後，讓我們進一步瞭解退縮或不負責任孩子的不同樣態。退縮及不負責任是不被人接受及肯定的，因此退縮的孩子經常會將自己以不同樣態偽裝起來，讓家長或老師不易察覺他是退縮的。由此可知，退縮或不負責任的孩子不一定都是那種躲在角落不敢說話的

孩子，也不要以為安靜不講話的孩子就是退縮或不負責任的孩子。有些孩子的天生特質可能是比較膽小、內向、容易害羞的，看起來就好像是退縮型的小孩，但這並不代表他就會是一個退縮的人。在實務經驗上也發現有很多安安靜靜不大多話的孩子，上臺分享時是落落大方，也很能表達自己的意見，所以，害羞內向不等同退縮。

有很多父母會疑惑或困擾，孩子平常能言善道、表現不錯，但真的要他分享表達時，卻又扭扭捏捏地說不清楚，甚至不敢表達；或者說並不是一個害羞的孩子，但就是不夠落落大方；或者孩子說要學這個、學那個，但是當答應讓他去學之後，他又不要了或去幾次就放棄不學了。

也經常遇到孩子覺得困難或有挑戰性時，他就選擇放棄或逃避。

以上這些都顯示這孩子可能有著不敢承擔與退縮的現象。

（一）退縮不負責任的五種類型

筆者將退縮、不負責任的孩子歸納出以下幾類：

1 「自我否定」退縮型

在生活中都不敢嘗試新的事物、新的學習，經常掛在嘴

邊的話就是「我不會、我不要、我不敢」。

以下是二位老師分別提及班上一位「自我否定」退縮型同學的樣態。

上國語課時，同學們競相舉手造詞練習，小哲從頭到尾不曾舉過一次小手，老師關心的鼓勵小哲，試著給小哲發言的機會，但小哲始終不敢舉手。下課時老師約小哲個別談話，小哲說：「我不要舉手，我不敢舉手，我怕說錯了會被笑。」

看著小哲沮喪的神情，我想到小哲有個嚴格的母親，班親會時曾表示對小哲的擔心，總是不斷要求小哲再進步，對小哲有諸多的不滿意。

我有一個學生，13歲男生，在補習班時，時常說：「我不會。」還沒有讀完題目就說：「我不會。」每次我都會讓他讀出題目後，再問他，他又說：「我不會。」要求他嘗試，還沒試就說：「我不會的啦！」就算我陪他一起做也是不動手，仍表示不會。

② 「臨場畏怯」退縮型

私底下都還表現不錯，但在正式場合或要他正式分享時，反而怯場不敢表達了或表現地扭扭捏捏。

以下是一位家長提及自己的孩子所呈現出「臨場畏怯」退縮型的樣態。

在家裡，看他好像都表現的不錯。可是當他在外面或不熟悉的場地，他就躲起來，退縮一旁。然後，我嘗試讓他踏出一步，他會說「我不敢」、「我不要」、「我不會」。除非我花很長時間和他「溝通」、給他鼓勵、給他信心。偶爾，可以讓他跨出一小步。

③「無主見跟隨」退縮型

遇到要做決定的事情時，就是不敢下決定，都要仰賴別人做決定。總是不敢表達意見，或總是等待別人的指示指導之後，才敢行動。

以下是一位家長提及自己親戚的孩子，從小的表現就是呈現「無主見跟隨」退縮型的樣態。

阿文是個安靜隨和的孩子，和同學遊戲時從不表示意見，同學要他做什麼他就做什麼，師長詢問他意見時他總是回應：「都可以！」「隨便啦！」阿文高三選填志願時，聽了父母的決定選擇工科領域就讀。然而，不合志趣的科系讓他受盡苦頭造成憂鬱。

我在阿文小的時候就認識他的父母，阿文的父母屬於強勢作風，從小就不問孩子意見，總是幫孩子做好安排，不管

是生活瑣事或是選填科系。與阿文對話時，發現阿文對自己沒有信心，雖然自己有喜歡的學習領域，但不敢表達意見，擔心做錯決定要為自己負責任而作罷，寧願由父母代為決定。

④ 「舒適圈」退縮型

抗拒或不願意接觸新的事物，例如，新的情境或陌生的人。只習慣與熟悉的人與環境接觸。

以下是一位家長提及自己的孩子在運動會跌一跤之後，除了上學之外，就是整天窩在自己的房間或家裡都不出門。

小明自從上學期運動會賽跑過程中，當眾跌了一跤，又被同學責怪都是他害了全班沒有得名之後，放學之後就整天窩在家裡。星期假日要帶他去公園走走或玩遊戲器材都不願意，更不願意參加學校的任何活動，連過去喜歡的戶外教學、園遊會等等也都不參加了。更嚴重的是要他去上一下學校以外的課程活動，也都堅決不參加，寧可整天窩在房間。

⑤ 「不負責任」退縮型

面對自己該承擔與負責的事情都「賴皮不做」、或說「不會做，**幫我做」，甚至很多事情都是拖推賴到最後不了了之。

這是一個家長的敘述，他的孩子一個已經國中三年級，一個則是小學四年級。生活中的點點滴滴，不管是什麼事情都覺得是媽媽應該做的。

兩個孩子放學一回到家，就是將書包往沙發一丟，吃完的零食點心就散落在桌上或房間，髒襪子、髒衣服也是隨地亂丟，請他們稍微整理一下或放到髒衣服籃子，竟然會說這是媽媽要做的。若孩子肚子餓了，媽媽還沒準備好晚餐，就會責怪媽媽動作太慢，害他肚子餓得要死了。考試成績不好，也責怪同學太吵、老師沒有講等等理由。

（二）退縮不負責任型孩子的特徵

前面章節提過「每個人都渴望被看到、被肯定、被注意到」，那是什麼原因導致一個孩子不敢表現、不敢表達甚至自我否定呢？這通常都是在他們內心已經形成很負向的自我概念。退縮的孩子大都會有以下幾個特徵：

1. 沒有自信，不認為自己是有能力面對挑戰或解決困難。這幾乎是上述五種退縮類型的共同特徵。又以「自我否定」退縮型的孩子，更明確的是很缺乏自信的。

2. 懼怕被專注於自己的表現，因擔心會表現不好，甚至多半都自我預言自己的表現結果會是糟糕不好的。尤

其是「臨場畏怯」退縮型的孩子，其特徵是最明顯的，在私底下熟悉的情境中，他可能都可以侃侃而談表現不俗，但只要上臺在有陌生人的地方表演、表達，或很正式、或認真地要看他的表現時，他就退卻了。「無主見跟隨」退縮型的孩子也經常會有此現象，唯一不同的是「無主見跟隨」退縮型的孩子，雖然也會懼怕被人專注於他的表現，但他只要是跟隨著一個領導者，或是在一個權威者安排規畫之下，他就可以配合的表現。

3. 不敢承擔新的任務或對一件事情作決定，這幾乎是上述五種退縮類型共同特徵。通常是因為過去所做的決定，經常有被嫌棄或被負向批評的經驗。這五種退縮類型的內在機制略有不同，「自我否定」退縮型的孩子對自己沒信心，覺得自己沒有足夠能力承擔；「臨場畏怯」退縮型的孩子通常可能會在臨上場前才逃避；「不負責任」退縮型則經常是事情做了一半或還沒完成，就找一大堆的理由藉口卸責；「無主見跟隨」退縮型則是以「我不知道」、「不是我決定的」、「隨便」來推託；「舒適圈」退縮型的孩子則是只想留在自己的舒適圈中，自我感覺這樣的生活就很好，不想也不願意再去接受新的挑戰。

4. 「拖、推、賴」的做事習氣，孩子從過去的經驗得知，事情到最後一定會有一位拯救者出來救他或解決問題。退縮型的孩子不一定懶惰、不積極，所以

「拖、推、賴」這個特徵最常出現在「舒適圈」和「不負責任」退縮型的孩子身上，通常他們都有一位很能幹、很能替他們承擔責任的爸爸或媽媽，導致他們知道只要堅持的「拖、推、賴」，最後都會有人替他們收拾他們的爛攤子。

上述這些特徵，其實都是後天成長過程逐漸形塑出來的，若再持續到青春期就可能變成他的個性或性格了，為人父母的不能不重視這個現象。而這五種退縮類型的孩子雖有不同，但核心部分其實就是沒有自信與不負責任。要改善或改變他們，就必須從提升他們自信與負責任著手。

（三）退縮類型孩子沒有自信與不負責任形成的原因

上述提到這五種退縮類型的孩子之所以會變得退縮不能承擔與不負責，其核心部分就是沒有自信與不負責任，主要都是父母親的管教態度所形塑而成。例如有些父母不能容許孩子做錯、不容許再犯錯或一直強調「孩子你還可以更好」的父母；另一種就是媽媽過度承擔與負責，導致孩子不必為自己的行為負責任。以下提出幾種會導致孩子沒有自信與不負責任的教養方式。

1. 父母經常嫌棄與過度提醒孩子：媽媽就是孩子的鏡子，媽媽怎麼看孩子，孩子就會變成那個樣子。若媽媽最常出現的口頭禪就是「你不要…」、「不可

以…」、「要注意…」、「不要忘了媽媽說的…」，即使有時讚美孩子，總是會加一句「如果…」、「但是…」。長久下來，媽媽這面鏡子照應出來的孩子就是「你不會」、「你不能、」、「你不行」…，孩子當然就變成「我不會」、「我不要」、「我不敢」……沒有自信的退縮類型孩子。

2. 父母過於重視結果的好壞：這類的父母常因孩子的考試成績、學習成果、作品作業好壞而生氣，或是覺得孩子表現的不夠好、不夠認真，最常出現的口頭禪就是「你看你的成績…」、「你就是不夠努力…」、「如果你很努力，我也不會生氣，可是你根本就沒有努力…」，上述這些話語都顯示父母只重視結果的好壞，都是在結果不好的時候對孩子說的話。長久下來，孩子就越來越不敢接受挑戰，不願意參加正式的比賽或表演，甚至連簡單地上臺分享都畏怯了，因為孩子經驗到的幾乎都是被批判的。即使孩子雖然經常拿到優異的成績，但為了拿到這好的成績，也會有過度的壓力，進而造成焦慮與緊張狀態，這可能也會讓孩子開始逃避或退縮。

3. 父母對孩子的期待標準很高或很會講道理：當父母提醒「要認真讀書」、「上課要專心」、「要認真努力才會有前途」等等道理時，有兩個隱藏的價值判斷在傷害孩子的自信，第一個就是父母一直在告訴孩子，你不夠認真、不夠努力，第二個就是孩子只能默默接

受這些負面評價，因父母的那些道理似乎都是正確的。長久下來，孩子越來越沒自信，覺得自己真的很不好。另外，部分孩子會覺得父母講的都對，我就是要聽他們的話，一切都要接受他們的指導，當然也就越來越沒有自己的意見。

4. 家長只重視及注意自己在意的地方，忽略孩子的需求，例如孩子興沖沖的拿著在學校畫的圖給父母看，期待父母的欣賞與鼓勵，父母卻只注意對他的要求，「不要跑、說慢一點、先去洗手再說、坐好再說」，要不就是看了一下，就一直問孩子，所關心的是他在學校的表現，完全忽略了孩子那興沖沖的心情。長久下來，孩子學習的興趣與動機就越來越薄弱。

5. 過度承擔孩子自身該負的責任，或過於在意別人對你當父母媽媽的評價。這兩者之間有些奧妙的關聯，有些父母會覺得孩子外在表現，如成績、服裝、禮貌或身高體重等的表現是否夠好，是在證明自己是不是好父母。所以，為了證明自己是好父母，就必須幫孩子將這些打點好。這類型的父母經常會呈現這樣的管教方式。

「你經常嫌孩子做事太慢，而忍不住的替他做。」

「孩子的書包、書桌經常都是你在幫他整理的。」

「孩子自己的事情，如上學遲到、忘記帶學用品到校、忘了老師交代的事情等，你都比孩子還緊張及在乎。」

「你很擔心或在意孩子被人說沒有教養或沒家教」

「你很在意自己是不是一別人眼中的「好媽媽」。」

二、改變退縮孩子的利器：提供機會給孩子做選擇，就是培養孩子負責任的開始

所謂「冰凍三尺，非一日之寒」，孩子會變得退縮，可以說是父母的管教態度與方式所形塑，為人父母者不能不多加反思。前述文章內容也說明了沒有自信與不負責任是退縮孩子的核心特性，同時亦提出容易形塑出退縮孩子的五種教養方式。

接下來，我們就要提出改變退縮孩子的利器－「提供機會給孩子做選擇」，因為提供孩子選擇及做決定的機會，就是培養孩子負責任的開始。這樣的教養方式是最能改變，退縮孩子沒有自信與不負責任的缺失。以下內容將就「選擇」與「負責」間的關連做更深入的說明。

（一）選擇與負責間的關聯

1 提供機會給孩子選擇，就是提供機會給孩子學習負責

選擇與負責間的關聯是怎樣形成的呢？筆者常舉這樣的例子，當妳交了一個感情非常好的男朋友，感情好到可以談及婚嫁，但妳的父親反對，並要妳嫁給另一位男生。若妳堅持所愛與選擇，不聽從父親的意思，最終決定跟男朋友結

婚，那妳當然就要為自己日後的婚姻結果負責。若妳遵照爸爸的安排，跟爸爸喜歡的男士結婚，日後若婚姻不幸福，妳一定會後悔當初沒有堅持下去，也責怪父親當年的決定與安排。

從這個簡單的例子就說明了，誰做的選擇誰就要負責，當然這也說明了不做選擇也是一種不負責的表現。我們若經常給孩子做選擇的機會，他就學會了負責任。

有很多家長會覺得孩子還小，怎能做出正確的判斷呢？甚至根本就沒有能力做選擇與做決定。筆者不認同這此一說法，不同階段的孩子具有不同能力程度，所該承擔及負責的事情有所不同，隨著年紀越來越大，能力越來越好，該承擔及負責的事情就越來越多。即使一、兩歲的孩子也會有選擇的需求，例如他不想你為他準備的食物，他想要玩汽車、他想要抱著機器人或某個玩具睡覺等等，這些都是孩子在做選擇與做決定。日常生活中需要做選擇與負責的情事，其實是不停的發生，早餐要吃什麼？今天要穿怎樣的衣服？要比弟弟早或晚去洗澡？等等，不管大人或小孩，其實每天都不停地在做選擇，也在承擔自己的選擇結果。

由此可知，不管孩子年紀多大，他們都有自己做選擇、做決定的自主需求，更重要的是，大人絕對可以提供孩子很多的機會去做選擇與做決定。在此，要再次強調「**誰做選擇就是誰負責**」、「**提供機會給孩子選擇，就是提供機會給孩**

子學習負責」。

以下有個實際的生活小例子，看這位姑姑如何運用提供選擇的方法來處理小孩子的哭鬧。

「都是泡泡槍惹的禍」

耶誕節當天下班後，回到家裡送上聖誕禮物（電動泡泡機）給親愛的侄子小安，大嫂當下就說：「明天再去外面玩喔！在家裡面玩，地板會黏黏的。」小安雖好奇但沒多說什麼。

隔天一早，我躺在床上就聽到樓下傳來小安的哭聲…「我要玩泡泡」，心想這是我造的孽，還是去處理一下好了。下樓映入眼簾的是我哥站著跟小安說：「吃完湯圓就出去玩。」而小安跪坐在地上哭泣，一邊擦眼淚喊著：「我要玩泡泡機。」

我走過去蹲下跟小安說：「姑姑知道你想玩泡泡槍，爸爸不是不讓你玩，吃完湯圓就可以去玩了！」小安仍在哭，我就跟小安說：「等你哭完，姑姑再說。」

我先問我哥要幾點讓小安出去玩，我哥回我說：「吃完湯圓就可以出去了。」確認後等小安哭聲較小後，把小安抱到我懷前，就開始下面的「來回對話」～～

「吃完湯圓就可以出去玩泡泡槍喔！你要自己吃？姑姑餵你吃？還是爸爸餵你吃？」

「我要玩泡泡！」小安揉揉眼睛說。

「沒有唷！現在就是三個選擇，你要自己吃？姑姑餵你吃？還是爸爸餵你吃？吃完就可以出去玩了。」

「那個泡泡槍壞掉了，沒有泡泡。」小安轉移話題。

「第一個你要自己吃，第二個姑姑餵你吃，第三個爸爸餵你吃，你要哪一個？如果你不選，姑姑就幫你選囉！」我溫和堅定地對小安說。

小安的手開始去拿湯匙，扒了幾口湯圓，指著粉紅色湯圓跟我說：「這是草莓湯圓。」

「我看到囉！你開始吃湯圓了，一顆、兩顆、三顆，吃完就可以出去玩囉……」

終於吃完了，小安就開心拿泡泡槍出去玩！

上述過程中，孩子內在有個渴望，就是要很快的玩泡泡槍，這個渴望就會驅動孩子要趕緊去玩，而忽略、拒絕或不遵守原有的規律，通常父母親都會堅持孩子做完該做的事情才可以去玩，這是正確的做法。但若孩子的這個渴望越是強烈，那孩子的反應就會越大，有的孩子可能會有類似上述例子的哭鬧，有的孩子則是草草了事，敷衍地去做該做的事情，但這些都不是父母期待的。

上述例子，姑姑溫和堅定的對小安說：「第一個你要自己吃，第二個姑姑餵你吃，第三個爸爸餵你吃，你要哪一個？如果你不選，姑姑就幫你選囉。」

若我們能如範例中姑姑那般溫和堅定的對著孩子說出這樣的提供選擇的內容時，孩子的注意力會從哭鬧及想要玩泡槍的情緒狀態，轉移到你所提出來的選擇內容。

　　若他想轉移話題，你就再溫和堅定的重述一次，「第一個你要自己吃，第二個姑姑餵你吃，第三個爸爸餵你吃，你要哪一個？如果你不選，姑姑就幫你選囉。」

　　此時，孩子知道就是要在大人提出的幾個選擇做決定，且他也知道只要執行了其中的某一個選擇，就能滿足想要玩泡泡槍的渴望。孩子就會認真思考要做哪一個選擇！孩子也就從「哭鬧及想要玩泡槍的情緒狀態」轉移到做選擇的理性做決定狀態。

　　由此可知，提供選擇亦有助於將孩子情緒泥淖拉起來，讓他回到理性做決定狀態，當他做了選擇與決定，也就是在為自己的選擇做承擔與負責了。

② 選擇也是一種能力的展現

　　容許孩子「選擇」也就是給他一種能力的象徵，更是一種滿足孩子內在自主的需求。孩子通常在做選擇時，常會說：「我來！」「我可以！」這是一種能力的展現，也是培養自信的開始。

　　在成長過程中，每位孩子一開始都很樂意學習承擔及負

責的，在幼稚園常會看到這樣的情景，當老師問「誰
會？」、「誰要來做？」、「誰來幫忙？」…我們經常可以
見到，多數的孩子雙手舉高高的，爭先恐後地想要幫忙！！

　　當孩子剛學會走路、剛學會拿湯匙時，都會想自己去
拿、去探索，這都是在展現「我可以」、「我能夠」的一種
我能感。所以，當孩子常說「我知道！」「我會！」「我
來！」時，這些都是他在做選擇，同時也是在學習負責，當
然更是在展現他的能力，恭喜你、也恭喜你的孩子。此時，
千萬不要剝奪了他成長的機會，太多的父母會覺得孩子做得
不夠好、不夠快、不夠乾淨…，而不讓孩子參與或代替孩子
動手，明明是孩子想做、且證明自己是有能力的關鍵時刻，
但卻被大人給搶去做了！這不僅是剝奪了孩子學習成長的機
會，甚至還會讓孩子很挫折。

　　以下是一位媽媽學習遊戲式教養之後，陪自己3歲兒子
的一個實際例子。

　　第一次把遊戲式教養所學的技巧帶進了家庭是在2014那
一年，兒子（益益）當年僅3歲。

　　在這次個別陪伴的遊戲時間中，兒子玩著他新買的蠟
筆。我還特別將此陪伴過程錄影。他一面玩，也一面用著好
奇的眼光看著我，其實應該是看著我手上的攝影機。現在回
頭看，我很慶幸有把這些過程錄了下來。回顧他的成長，留
下歷程的意義很深遠，不只見證了孩子的成長，現在再與孩

子一起看著這些歷程，也滋養了彼此。

當天一開始在玩的過程中，他把蠟筆一根一根的打開包裝紙，他努力、用心的把包裝紙打開，雖然他小小的手指頭還不靈活。

我則是耐心的等待和鼓勵他：「嗯！我看你一步一步慢慢打開來。」

當我這麼說，他就更投入地將包裝紙撕下來。

過程中，遇到他不知如何處理的狀況時。我沒有指導他如何做，而是促進他做決定和想方法。

「呃，要怎麼辦呢？哦，你在想辦法。」

我發現兒子雖然年僅3歲，但他是有能力處理和想辦法解決他遇到的困境。尤其當他撕包裝紙到一半時，他跑到廚房拿了一把剪刀，他企圖用剪刀要剪開蠟筆的包裝紙。

那時候的他只有3歲，當下我著實地有點擔心，但想起如安老師教導的遊戲式教養的概念，「提供機會給孩子做選擇，就是培養孩子負責任的開始」，我讓自己的擔心放下來，沒有去阻止他。

果然，他成功地用剪刀將包裝紙剪開了！剪完之後，他還很得意地在我面前特別放慢剪紙動作，且將沒有剪到手的動作展示給我看，對著我說：「媽咪，妳看，哈哈，我不會剪到手哦，妳看⋯⋯」

我看著他的動作而做了追蹤描述行為：「哎呀，就要剪到手了，可是益益停著這個動作⋯」他笑了。

我再接著說：「哇，你懂的用它（剪刀），知道它會剪

到手指頭，你懂的用，你會小心和保護自己哦。」

　　孩子是懂事的。他好像讓我要對他信任，也想在我面前展現他是有能力的：媽咪，我懂、我會。

　　雖然只是一個陪玩的過程，但我們交流的不只是外在的給予回饋，我們更進一步建立了彼此的肯定和信任。這是可以透過遊戲教養的方式來建立的。

　　這位媽媽給自己學習遊戲式教養的體會做了以下的註腳。

　　「當你們活到80歲，在某個安靜的沉思時刻，回到內心深處，想起自己的人生故事時，最有意義的部分，將會是你所做過的那些選擇。人生到頭來，我們的選擇，決定了我們是什麼樣的人（We are our choices.）。替你們自己寫一篇精彩的人生故事吧。」

（二）如何有效提供孩子做選擇

　　由於不是孩子所選擇的每件事情，他都能順利的完成。因此，家長和老師的責任，就是要創造孩子成功的經驗，亦即讓他能為他的選擇做承擔的同時，協助他也能完成他的任務，進而得到成功的經驗與成就感。

綜上，歸納出以下幾點原則供大家遵循：

1 孩子自發地在做一些他喜歡做的事情時，真的不要去干涉，就是反映他有做到的行為即可。

情境

　「爸爸看到你在組合鋼彈超人。」

　「那個頭部有好多個小物件，你都組合起來了！」

　「我有看到。」

2 當你不知道孩子是否能承擔或完成其選擇執行的事情時，請在旁注意，當他可以完成時，記得大大的反映他努力用心的過程。

情境

　「看到你剛開始一直組合不起來！有點想放棄，還看了爸爸一下。」

　「後來，你還是不放棄，再仔細看一下說明書，ㄟ！你發現關鍵了。」

　「果然！你就把這個機器人組合起來！」

3 當你發現孩子有困難完成他的選擇或能力不及時，請協助他完成！但不是替他完成，而是你跟孩子一起參與一起完成。

情境

「嗯！這個部分的組合，真的很難、很複雜！」

「來！你把說明書打開，我們一起一步一步看下去。」

「完成了！我們兩個一起完成了！」

我們常說：「態度決定了你的高度。」不管是在學校的學習，或是在職場上的表現，這個態度就是一個人是否肯承擔、有責任。因此，當你深刻瞭解「提供機會給孩子做選擇，就是培養孩子負責任的開始」的內涵，且落實在你和孩子的互動時，珍貴的就是－你正在送他一個千金萬金都買不到的人生禮物。

為了要避免我們的孩子成為一個退縮、不負責任、不敢承擔的人，我們要多以口語具體反應孩子的好行為，因為「注意到孩子的什麼行為，那個行為就會被保留下來」（第四章）；同時也要多提供機會給孩子練習與嘗試錯誤，因為「提供機會給孩子做選擇，就是培養孩子負責任的開始」。

因為是自己做的選擇，所以自己要承擔事情的結果。而這也就是一種負責任的學習與表現。

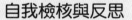

自我檢核與反思

有效提升孩子責任心與自尊的話語

本書第四章曾介紹如何鼓勵孩子，正確的鼓勵可以提升孩子自尊與自信，第七章則是強調要給孩子選擇的機會，因這就是在培養孩子為自己的行為負責任。一位能為自己行為負責任的孩子，通常都會是高自尊且自信的孩子。在此根據學理與實務經驗，提出幾個可以有效提升孩子自尊、自信及負責任的話語供大家參考。

1. **看到孩子做了該做的行為時，具體的描述孩子的這個行為**

    媽媽看到你幫忙弟弟穿衣服。

    媽媽看到你會自己整理書包，帶好文具用品。

    你會陪妹妹玩。

2. **若僅能看著孩子的成果或作品時，請鉅細靡遺地描述作品內容，有時還可以描述他可能的投入用心的創作過程**

    看到你畫了一個太陽，旁邊還有三朵雲，有一隻小鳥在天上飛…

    你的美勞作品，配色很鮮豔，用了紅色、黃色、橘色…，線條也很流暢……，媽媽想你在畫這張圖時，應該是

很專心與投入的。

3. 具體描述孩子進步的行為

我看到你先把作業拿出來寫。（最好是孩子拿出作業的當下就立即反應）

今天弟弟把你組裝的玩具用壞了，我注意到你雖然很生氣，但你今天沒有罵弟弟，我覺得這是很大的進步！

你今天在規定的時間內做完自己的回家作業。

4. 孩子的行為呈現正向態度與特質時，就值得具體的描述這些特質行為

媽媽看到你在排疊疊樂時，兩個眼睛專注地看著，配合著雙手一塊一塊的抽出來又疊上去。

你今天主動把功課拿出來寫。

我看到你從剛才到現在、很專注認真地寫功課。

我看到你組合積木時，雖然試很多次都不成功，但是你不放棄，還是持續努力。

5. 孩子在表達一些他知道、他會、他願意…的事情或內容，要將這些事情或內容描述出來

「媽媽，我告訴妳喔！紅色加上藍色就變成紫色。」

「喔！你知道紅色加藍色就會變成紫色。」

「我會！我會！這個我會組裝，我組裝過的，有很多不同的方式的。」

「喔！你以前組裝過，你還會用不同的方法將玩具組合起來。」

6. 創造一些機會讓孩子學習做決定

「你為該塗上哪種顏色而苦惱，不過在這邊你可以自己決定。」

「妳早餐要吃什麼？妳可以自己決定。」

「你可以決定今天要穿什麼衣服。」

7. 鼓勵孩子做決定，也肯定孩子願意做決定

「我看到你決定先把功課寫完，再去同學家。」

「我看到你決定先洗澡再寫功課。」

遊戲式教養的具體實踐技巧

「幫助做決定及給責任的技巧」

一、「幫助做決定及給責任的技巧」

在孩子面對問題時，做父母的不是主動去幫孩子解決問題，而要耐心地鼓勵孩子，幫助孩子自己做決定，做出屬於自己的決定，也就是將屬於孩子本身的責任還給孩子，讓孩子從經驗中學習自己做決定及為自己負責的態度，並不是為孩子承擔所有的責任。

試問各位父母，平常會不會因趕時間而替孩子做了很多事情？例如：整理要攜帶的東西、穿外套、穿鞋子、提水壺等，孩子的玩具壞掉了、飲料罐打不開，是不是就幫他修好、打開來了……呢？我想這些幫忙不能說它是錯的，因為可能會有現實的考慮與限制。但今天若要我們的孩子更有責任、更有自信，讓我們從提供機會給孩子做選擇做開始，培養孩子主動負責的態度。

幫助做決定及給責任，就是堅守一個信念，「在孩子有能力為該事情負責時，就放手由孩子主導，一切是由孩子來決定」。

當他無法做決定時，同理他可能的感受，但仍告訴他，

在這裡一切是由他來決定的。所以，我們常說的一句話是「在這裡，你想要怎麼做，就可以怎麼做」。

當孩子要求父母為他解決問題時，態度上是給予支持與鼓勵，而非數落、拒絕或評判，讓孩子感到安全，不管他的想法或感覺如何，可以儘量說出來，不需要有所顧慮，父母只要依循前面的三個原則來鼓勵孩子就對了。

二、示例說明

當孩子不想玩時，父母並不需要費盡心思誘導孩子來玩，或驟下結論結束遊戲，只須反應「你很難決定想先做什麼」或是「你現在只喜歡靜靜坐著看」。

孩子拿著顏料罐說：「我不會開，幫我打開。」父母無須立即為孩子做事，可以說：「你可以試試看的。」

當孩子真的無法完成，需要幫忙時，也請你先問問他：「要我怎麼幫你呢？」

如果孩子真的需要一些幫忙，可以與孩子一起做，或者父母先做一部分，剩餘部分由孩子來完成，讓孩子在問題解決過程有參與感，例如孩子想喝飲料時，卻因為蓋子太緊而打不開飲料。

「來！我們一起來打開！」邀請孩子協助握著飲料，然後一起將飲料蓋子打開。這個過程孩子也仍然是有參與、有

投入、有負責。

當孩子有不恰當行為，與其制止他，不如給孩子另一個選擇，提供另一個可接納的選擇給孩子，這樣可以增加孩子做選擇的能力，例如：孩子在睡前拿了一大桶糖罐準備吃點心，父母與其遏止小孩，不如很理性地告訴孩子：「你可以選擇拿一顆糖，把剩下的放回去」或是「你可以選擇不吃任何糖，由我放回去」。

綜上，筆者將「提供機會給孩子做選擇，就是培養孩子負責任的開始」歸納出以下幾點：

1. 在孩子有能力承擔的事件上，儘量讓孩子做選擇、做決定。

2. 孩子能力做不到或無法完成的事件上，邀請孩子一起參與、一起完成，讓他對該事件的完成也有負責與貢獻。

3. 平日與孩子互動上的口語內容，要把握「有效提升孩子責任心與自尊的話語」所介紹的七種類型。

8

123木頭人－看看有誰還在動？

— 談遊戲式教養之規範與設限 —

規範孩子行為時，用詞簡潔易懂，語氣溫和堅定

　　「123木頭人」是一個小朋友很喜歡玩的遊戲，也是一個很有趣的遊戲。

　　當魔鬼的孩子喊著「123木頭人」的霎那，快速地轉頭過來看誰還在動，每個孩子也要在「123木頭人」結束的霎那，把握時間往前跑。

　　這是一種很具主動、掌控性的遊戲。當魔鬼的孩子可以掌控喊「123木頭人」的快慢，且他有這個權力來抓出還在動的人，而每個人也都要儘量的把握喊「123木頭人」時間往前跑。

這個遊戲之所以有趣，也就是因為遊戲同時要展現自主能力，同時又要遵守好界線，這種有界限、限制，但又要在界線、限制之內，充分地展現自主與能力的過程，讓整個遊戲充滿動力與趣味。

　　「在有界線與限制之下展現能力」這種心理動力是很讓人滿足的。

　　在遊戲養育中也很重視界線與設限，唯有清楚的界線讓孩子遵守，才真的能讓孩子感受到自己是有能力的。

　　教養真的是一件很不容易的事情，也常常讓爸媽陷入兩難，到底是「越打越皮」或「不打不成器」呢？到底是要當一位「虎媽」或是「小綿羊媽媽」呢？從遊戲式教養的觀點來看，一個有效能的父母應該是同時兼具「虎媽」和「小綿羊媽媽」的優點，這也是本章要分享的「設限」的觀念及技巧。當父母能懂得設限的概念及能應用在生活中時，大概就會是一位兼具「虎媽」和「小綿羊媽媽」的優質家長了。

　　談「設限」之前，先來探討無效的教養方式對孩子的傷害。

　　孩子某些生活的小毛病、壞習慣，多少都存在於每個家庭。若您發現針對孩子的某個小毛病或壞習慣超過三次的處罰都不見改善時，首要先停止之前那些無效的管教方法。因為您的這些「提醒、責罵、訓誡，甚至處罰」若是有效，這

些小毛病或壞習慣早就修正了。當超過三次無效時，繼續的提醒、責罵、訓誡，甚至處罰，都變成是在「注意」及「強化」那些孩子「沒有」做到的行為。久而久之，這些負面的評價可能內化成為孩子負向的自我概念，對孩子會有很大的負面影響。

以下以一個實際案例來說明。

小霸讀小學三年級，家長對這孩子頭痛到不知如何教養管教。其母親描述小霸3歲開始，幼兒園老師就不斷反映孩子不遵守紀律、與老師頂嘴、中午不午睡等等，各種問題層出不窮。7歲開始上小學，在校紀律不好、學習成績差、和同學相處不好。

據班主任老師描述，個案經常是我行我素，無法服從老師的指導，還會頂嘴。例如學校掃雪堆雪人，陸生一個勁兒往雪堆裡鑽，老師提醒要求不要往裡面鑽，案主仍然不聽，最後衣服褲子都濕透了，被老師趕回家。也因為無法服從老師的指導，導致老師不准個案參加運動會。

在學校上課的樣態是這樣的：1.上課不拿書，不寫題，作業有時候在家寫完了也不交。2.對所有老師、校長的激勵或懲罰，一概不起作用，偶爾會有一次性的微小作用。3.在學校每天就是上課睡覺，然後等著盼著吃午飯。

父母雙方均承認孩子的很多方面的表現都和父母的期望有很大差距。父母對孩子的管教就是不斷地要求、批評、指

責。小霸也表示自己在學校坐在單獨一個人的位置，是天天被指責、批評、處罰。

在此請大家細細想想小霸僅小學三年級喔，不是一位初中生喔！他目前在學校的樣態，可以說是對自己「自我放棄」了。為什麼一位小學三年的孩子就已經對自己「自我放棄」了呢？就是因為他從三歲開始就不斷地被指責、處罰，但他的行為不見改善。可見這個「指責、處罰」，對小霸而就是「無效的管教方式」，若這些「無效的管教方式」一直持續下去，孩子的問題就會越來越嚴重或惡化。

在進行結構式遊戲療過程進行「語句完成測驗」活動中，得知小霸內在是：1.學校生活很單調，沒有朋友。2.老師嚴格，經常被老師打。3.內心恐懼孤單，沒有安全感。4.認為自己是一個無能的人。5.內心渴望被肯定、讚美。各位，我們好像很容易看到孩子不好的行為，卻沒能感受到孩子內在的心理需求或渴望。

「打」或「罵」不一定是無效的管教方式，但針對同一個行為，「打」或「罵」了三次都不見改善時，此時的「打」或「罵」就成為一種有傷害性的管教了。對孩子會有很大的負面影響。若我們能看到孩子內在的需求或渴望，或許你就可以讓孩子感受到被你瞭解，此時，孩子就更已能改變他的行為，你也就更有可能找到適合孩子的教養方式。

一、十種最有可能變成既無效又有傷害性的教養方式

　　各位家長，真的要反思自己是否一直在用無效的管教方式，也不要以為無效的管教方式只有打跟罵，在此歸納出常見的十種，最有可能變成既無效又有傷害性的教養方式。

1. 打：當然指的就是讓孩子身體上有所疼痛。例如用棍子打孩子、罰站、罰跪等都是。

2. 罵：這邊的罵多半是指有損孩子自尊、傷害自我的言詞攻擊孩子。例如：「你真是沒有用。你就是笨！」

3. 比較：就是經常拿別人來跟孩子做對照，這對照過程總是孩子輸人一截，或就是還不夠好。例如：「你像隔壁的阿雄就好，人家阿雄又考了第二名。」「你可不可以跟姐姐學，多用點心在功課上，不要讓我操心。」

4. 提醒或講道理：提醒本不是什麼不好的事情，但當父母針對性的提醒孩子時，就是在折損孩子的自尊與自信。例如：過馬路要小心車子，這沒什麼針對性，但當你對著孩子說：「你不要像上次一樣，不看路就跑過去」或「你寫完考卷要檢查喔！不要又漏寫了一大題！」這就具針對性。

5. 諷刺：當然就是指桑罵槐或是間接的指責孩子。例如：「你能考90分，大概全班都考95或100分了。」

「難得這次沒有被告狀，是不是老師生病了沒到學校？」

6. 拒絕：這邊的拒絕指的是心理上的拒絕，例如：當孩子做錯事情時，有些父母會說：「我不愛你了」、「走開，你去當別人家的孩子」「你走啊！出去當流浪狗啊！」

7. 討好：就是父母以一種類似讚美、提供物質、在乎孩子的言詞，期待孩子聽話或配合。例如：「小明最乖了，趕緊去做功課。」「你只要趕緊把功課寫完，媽媽就帶你去吃霜淇淋。」

8. 哀兵：就是訴諸以悲情，或要孩子同情，或感受到父母的辛苦。例如：「你看爸爸多辛苦工作，你要認真讀書才對得起爸爸。」「媽媽每天幫你洗衣服、煮飯，還要賺錢供你們讀書、買東西…，你應該要聽話啊！」

9. 埋怨：就是嫌棄孩子或抱怨孩子做得還不夠好，也類似就是挑孩子的毛病。例如：「你看怎麼就是不夠細心，若再細心一點不就前三名了！」「你看都這麼大了還不懂事，都不會自動自發，還要媽媽講。」

10. 漠視：簡單說就是忽略孩子、不理會孩子的感受或表現，即使孩子很努力地想得到爸爸媽媽的關注。最嚴重的就是不管孩子表現好或壞，爸媽都視而不見，包括言語及行為上的漠視。例如：「這有什麼了不起」、「這有什麼好高興的」、「這有什麼好生氣

的」、「這有什麼好難過的」。

上述列舉了十種常見的無效教養方式，請各位父母也反思一下，是否也有這樣錯誤的教養習慣呢？若有，趕緊停止吧！這些無效的教養方式，將會折損孩子的自尊、自信及和破壞你與孩子的親子關係的。

二、設限及其步驟

規範孩子行為，通常就是要制止某種行為或培養另一新的好行為。又若孩子有一些危險或不適當的行為要出現時，也要去制止這類行為，這就是遊戲式教養所謂的「設限」。也就是不准他做，但決不是用打、罵、威脅、討好賄賂或上述的十種方式來制止。

「設限」的用意主要在傳達瞭解、接納以及責任給孩子知道，目標不只是在制止行為，而是幫助孩子用更恰當的方式來表達動機、欲望或需求。基本上，「設限」是同時兼具「虎媽」和「小綿羊媽媽」的內涵，「設限」是一項很重要的技巧，若你能體會它的內涵，對你教養孩子上會有很大的幫助，你就可以既當「虎媽」又當「小綿羊媽媽」。

接下來，我們先透過具體情境來看看一般父母規範孩子行為的現象。

情境 媽媽帶小明到診所治療發燒感冒之後，順便到超市買些東西回家時。小明來到超商，就吵著要買霜淇淋。

「媽媽，買霜淇淋給我吃，妳好久都沒買冰給我吃了。」

「不行！你生病了。」媽媽繼續往前走。

「不管！人家就是要吃冰。」小明停在原地不走，還咳嗽了幾聲。

小明繼續哭鬧，耽誤及影響了媽媽購買東西的心情。

後續發展的幾種可能：

✦ 「小綿羊媽媽」

溫和中帶點討好的口吻對小明說：

「小明最乖了！要聽話，今天生病不能吃冰！」

結果通常是小明更加哭鬧，媽媽不斷的討好小明，甚至為了不讓小明哭鬧，而提出很多優惠條件，來換取小明不再哭鬧。

✦ 「虎媽」

媽媽很有情緒的責罵小明：

「都生病咳嗽了！還敢吵著要吃冰。」

結果小明可能更哭鬧。

媽媽最後受不了，狠狠的烙下狠話，嚴厲責罵小明。

「再吵！看回家怎麼修理你。」

「我說安靜！有沒有聽到！」媽媽狠狠的瞪著小明，作勢要打小明。

結果小明悻悻然的、傷心的，放棄吃冰需求，但母子兩人的情緒都受到影響，兩個人都很不開心的買完東西。

以上狀況大家都不陌生。這樣的結果應該不是我們期待的？當然不是！接下來我們就來學習正確的設限步驟。

（一）設限的步驟

遊戲式教養之設限，是要規範孩子不當的行為，但設限又有別於責罵及討好，因為設限的步驟都建立在接納及瞭解孩子的心理需求，又有明確界線的基礎上。就讓我們慢慢的來介紹設限的步驟。

步驟一：

先確定孩子的行為是不是需要設限，若決定要設限，覺察一下自己的情緒，不要讓自己的情緒影響了設限的執行，先穩定情緒並掌握溫和而堅定為最高指導原則。

步驟二：

執行三步驟設限

1. 指認孩子的情緒、感受或期待：「我知道你很想……」或「我明白你感到非常……」等等。
2. 具體說出限制：「但你不能……（因為……）」或「答案是『不』」或「櫃子的門不是用來踢的」。
3. 提供可行的選項：「若你喜歡，你可以……」或「你可以選擇……」。

步驟三：

若設限奏效，則繼續進行原有的活動。

步驟四：

若無效，例如孩子會想再和你討論、討價還價、賴皮、甚至哭鬧……。你則再次溫和而堅定的說出你的限制，提供可行的選項，但配合行動來執行你的限制。

上述的四個步驟，其實是整合了前述幾章的重要理念。

1. 父母要先穩定好自己的情緒。
2. 孩子內在的心理需求及情緒需要被接納及瞭解，指認出孩子的感受、情緒或需求。
3. 父母的界線及規範的說明要具體，也就是用詞簡潔易懂。

4.規範的同時，就是要提供機會給孩子做選擇，這是培養
　孩子負責任的開始。

　　在你情楚遊戲式教養之規範與設限的每個步驟內涵與理
念之後，你會瞭解設限是一個很有效能的管教技巧 。配合
上述說明的設限四步驟，以下就延續前面的情境來說明設限
執行過程。

　情境　媽媽帶小明到診所治療發燒感冒之後，順便到超市買
　　　　些東西回家時。小明來到超商，就吵著要買霜淇淋。
　　「媽媽，買霜淇淋給我吃，妳好久都沒買冰給我吃
了。」
　　「不行！你生病了。」媽媽繼續往前走。
　　「不管！人家就是要吃冰。」小明停在原地不走，還咳
嗽了幾聲。
　　小明繼續哭鬧，耽誤及影響了媽媽購買東西的心情。

　　媽媽決定要對小明的吵鬧行為設限，同時也穩定好自己
的情緒之後，開始進行設限的步驟。

　　我們就一步一步來配合實際情境做說明。

　　第一步驟：指認孩子的情緒、感受或期待
　　媽媽先反映出孩子的需求或情緒，也就是在傳達媽媽瞭

解孩子的訊息。

「喔！你好久沒吃霜淇淋，好想吃霜淇淋。」

這是一個很重要且一定要做的、很踏實的步驟，主要目的是要傳達了對孩子的瞭解。雖然傳達對孩子的瞭解，不代表孩子的行為就會改善或調整，但卻是一個很重要的基本且必要的步驟。

畢竟，「**完全不理會孩子的情緒，會讓孩子有失落與孤單感**」。

再則，就是遊戲式教養的規範及設限之所以有別於打、罵、威脅等上述十種既無效又有傷害性的教養方式，就是因為我們是建立在讓孩子知道我們是瞭解他的，即使我們不同意或不贊同孩子的某些行為或情緒。

在執行第一個步驟時，切記不要一直反映孩子的心理需求或情緒。也就是要反映孩子的情緒，但不需要一直反映孩子的情緒，當然就更不要討好孩子或提出條件交換，也就是要避免被孩子情緒勒索。

第二步驟：具體說出界線、限制或規範
在完成第一個步驟表達瞭解孩子的心理需求或情緒之後，緊接著要說出我們的界線、限制或規範。這個步驟就是

要話講的很具體，用詞要簡潔易懂，也就是要讓孩子聽到且聽得懂，且要配合溫和而堅定的語氣。

記得是堅定的語氣語調，不是責罵生氣的言語。

停下來，對著孩子，看著孩子，溫和而堅定的說：

「可是你生病，所以不能吃冰！」

第三步驟：提供可行的選項

有些孩子感受到媽媽的堅定時，又自知自己的行為或要求是不恰當時，他就會修正自己的行為或要求。

當然也有的孩子還是繼續賴皮，吵著要吃冰。此時，請不要再反映孩子的感受、情緒或需求，而是再更堅定的說出我們的限制或規範。

「媽媽說了，你生病，所以不能吃冰。」

當媽媽更堅定的再說了一次限制之後，若孩子還是繼續賴皮不配合規範時，媽媽就要在當下提供幾個可以接受，同時也做得到的選項，提供孩子做選擇與做決定。記得是當下媽媽做得到的選項喔！

「不然，有兩個選項讓你選擇，一是吃餅乾或巧克力。

第二就是等你病好了，媽媽再帶你來買霜淇淋。」

　　這個步驟非常重要，可以說是設限的一個特色。當爸媽提供選擇讓孩子學習做選擇、做決定時，他的焦點注意力會將情緒感受回到理性的層面，這有助於孩子的情緒平穩，同時又符合遊戲式教養的一個理念－「提供機會給孩子做選擇，就是培養孩子負責任的開始」。

　　從很多實務經驗得知，當孩子做了選擇時，通常就會結束這個事件。所以，「提供選擇」是設限及遊戲式教養的一個特色及重點。這個提供選擇是要讓孩子負責任，不是討好也不是條件交換。

　　討好與條件交換通常都是

「不然媽媽買你喜歡的玩具給你，你不要再吵了。」
「不要。」
「不然買那個機器人？」
「不要。」
「不然…」

　　這樣的對話是讓孩子在掌控媽媽且學到只要吵、哭，媽媽會臣服於我。但提供選擇是孩子只能在媽媽提供的選項中做決定，且做了決定就自己要承擔這個決定的結果。所以才說提供機會給孩子做選擇，就是培養孩子負責任的開始。

第四步驟：配合行動來執行你的限制

在實務面上也遇過媽媽都已經做到溫和而堅定反映孩子的感受，也提供選項給孩子了，但孩子就是繼續吵，那怎麼辦呢？這樣刁鑽的孩子，相信過去一定是有太多賴皮成功的經驗。因此，接下來媽媽也就必須使出斷然的規範與限制，就是再次提供幾個選項給孩子做決定的同時，也要準備結束這場爭執，亦即－行動、離開現場或不再跟他討論！

「先買巧克力餅乾或等病好了，再來買霜淇淋。」

在做這樣的描述的同時，媽媽起身準備離開，若孩子還在吵鬧，那真的就離開現場，若孩子很小就牽著他的手或抱起來離開。不再多說了！用行動來證明及有效執行你的規範或限制。

透過上述詳細的例子說明，各位爸爸媽媽對於設限的內涵及步驟應該更清楚了，就個人的實務經驗發現，設限是一個很有力量POWER的技巧，它可以有效規範孩子的不當行為，同時又可以傳達讓孩子知道我們是瞭解他的，並要他學習為自己的行為做決定及負責任。所以，值得每位爸爸媽媽去實踐體驗設限的效能。

三、設限有效的三個前提：父母情緒穩定、用詞簡潔易懂、規則明確一致

遊戲式教養之設限技巧是一個很值得父母學習的新方法。在瞭解了設限的內涵及設限的具體步驟後，再次強調要成功且順利地執行設限這個技巧，必須要先把握住三個前提或說三個原則。說明如下：

[1] 父母情緒穩定

　　當父母的情緒是很強烈的反應時，多數孩子會被父母的情緒所震懾，他可能也會受到驚嚇。所以，當父母是帶著情緒做的任何表達，即使只可能是告訴他正確的言行、知識，或是你的擔心與心疼，他可能都沒聽進去。因他只接受到父母的強烈情緒反應。在這樣的狀態下，即使某些行為他或許不再出現了，但也只是因他受到驚嚇後的膽怯、退縮的反應，有更多的行為他會再次出現，原因就是當下他其實只接受到父母的情緒，父母所講的其他內容都沒能讓孩子接受到。所以，要傳遞一個明確的規範，不見得是在事情發生的當下，可以是在事情發生之後沒多久，當你恢復到比較平靜的心理狀態時再來處理。亦即，**情緒當下先不處理事情，心情平穩下來後再來處理**。

[2] 用詞簡潔易懂

　　溝通不是一件容易的事情，不管孩子多大，不要以為我們講得話他們都聽懂了。很多時候孩子不是不聽話喔，而是你講的內容跟他所理解的可能是不一樣的。所以請用詞簡潔

易懂，甚至要配合實際的帶領做一次才會有效。且在要求孩子修正某行為時，只要焦點一件事情或行為即可，這樣才不會失焦。教孩子有時沒什麼撇步，就是帶著他做，再配合你簡潔具體的說明。另外，就是在建立孩子某個規範時，不要說長篇大論！那會失去焦點，孩子聽了很多，結果是什麼也沒進到他的腦子及心理。

③ 規則明確一致且具體

這個道理大家都知道，今天要求先洗手才能吃飯，以後也都是相同的要求。切記，父母態度要一致，才不會很難建立有效的規範，「不要讓你的管教像月亮，初一、十五不一樣」，那孩子就很難有所遵循、簡單說就是要明確一致。再來，就是你的要求要講的簡單具體，不乖、不聽話、不懂事、壞壞、愛耍脾氣等等都是抽象的描述，請就針對你要求的行為具體描述出來即可，如「請在9點前躺在床上」、「現在就請把玩具收到籃子裡」。

慢慢來，一次規範一個要修正的行為，記得「成功建立孩子的規範有賴於情緒穩定，用詞簡潔易懂，規則明確一致」。要開始規範孩子一些行為時，請清楚講出他該怎麼做的具體行為或操作，孩子若沒有行動，請溫和而堅定的帶著他執行符合規範的行為，就是心平氣和的用行動來帶領孩子實踐。

這個帶領的過程的確不容易。父母們要時時觀察，若一個行為已經講了很多次，孩子就是做不到，請思考看看是不是講太多，而都沒有帶領他去實踐。

　　若各位父母能把握住這三個原則之後，再來運用遊戲式教養之設限技巧，效果一定會更好。

四、接納孩子的情緒，但不被孩子情緒勒索

　　設限過程中一定會面對孩子的情緒，父母要如何讓孩子感受到被爸爸媽媽接納與瞭解，且也要懂得不被孩子的情緒威脅、勒索或綁架，要能分辨孩子是在情緒中，或是在利用情緒要脅爸媽。（請大家再去詳閱第五章有關情緒主題的介紹。）在這邊要再強調的是情緒的緩解需要時間，因此要懂得等待。這點非常重要。希望父母透過「等待」，讓孩子有時間、空間、有機會用自己的方法，來覺察及緩解自己的情緒。從設限的技巧及步驟來分析，就是在指認孩子的情緒、感受或需求之後，就不再一直反映孩子當下不當的情緒，取而代之的是要具體的說出限制，並提供選擇給孩子，讓孩子從「情緒」轉移到「理性」的學習去做選擇。

　　總之，父母要做好設限的步驟及技巧，要照顧好自己的情緒，同時也要分辨孩子是在情緒中，或是利用情緒威脅或勒索爸媽，最後要謹記情緒的緩解是需要時間的，我們要懂得等待。

自我檢核與反思

爸媽不容挑戰的底線

哪些事情是爸媽的底限呢？遇到孩子挑戰或觸犯爸媽的底線時，不要只是生氣或責罵孩子，記得設限技巧的最高指導原則是溫和而堅定，因此，把自己的情緒穩定下來是最為優先，但這的確是不容易。若我們可以先覺察到自己的底線或紅線時，才有可能穩住自己的情緒。因此，以下先提供幾個父母們不容挑戰的底限供各位參考，或許這也是你的底限。

1. **動手打手足：**手足間的吵架是難免的，但若有人動手打人，多數的爸媽就會受不了。
2. **頂嘴：**孩子做不好、考不好、做錯事，忘記了交代的事情，只要孩子好好説，一般的爸媽都還可以接受。但當爸媽在提醒孩子沒做好的事時，孩子卻理直氣壯地回應、頂嘴、死不認錯，那多數的爸媽就會受不了。
3. **不尊重長輩：**對長輩講話口氣很不好，或沒有禮貌的回應，或覺得自己的行為、態度沒怎樣，甚至視為理所當然時，多數的爸媽就會受不了。
4. **做事情的態度差：**愛做不做、拖拖拉拉、理由一大堆、邊做邊發脾氣，故意丟東西發出聲音、敷衍塞

責…，類似這樣的態度，多數的爸媽就會受不了。

5. **明知故犯**：已經警告過的事情，也告誡他不能再犯，但孩子依然明知故犯，多數的爸媽也會受不了。

6. **說謊**：做錯事情沒關係，但孩子說謊，就犯了很多家長的大忌，甚至多數的父母會嚴厲地處罰孩子。

7. **無法接受的生活習慣**：如房間太亂、襪子亂丟、邊走邊吃、大聲喊叫……，這些事件通常沒有立即的危險性，但卻會讓爸媽很受不了。通常父母也都講了多少次，但就是不見改善，日積月累，就會讓爸媽很抓狂的。

8. **推卸責任**：上學遲到，或學用品沒有帶，卻說是媽媽沒幫他帶。

上述幾點是訪談多位媽媽得到的資料，每位家長都有不同的底線，你有沒有想過哪些是你的底線？今天要引導各位爸媽去檢視自己的底線，是因為這些底線都是會觸發你情緒的引爆點。當爸媽的這個引爆點被引爆起來時，爸媽通常會被自己的情緒所淹沒，此時，要做到「溫和而堅定的設限」根本就不可能；因此，請各位家長利用此機會想想自己的底線，好好的覺察出來，日後當孩子引爆到你的底限時，你才有可能溫和而堅持的做好設限，並將責任交還給孩子。

舉個例子來說，媽媽要帶孩子上學，結果孩子拖拖拉拉，讓媽媽一直等，甚至等到火氣都上來，媽媽很生氣的罵

小孩，孩子也因而情緒不佳。其實，媽媽此時若做好該有的設限，就不會落入這樣的狀況。此時你可以想好你的底線是可以等多久，如等10分鐘是你的底線，你可以具體清楚地且平靜地告訴孩子：我再等10分鐘，10分鐘內你弄好，你就是選擇我載你去，10分鐘後你還沒有好，你就是選擇自己走路去，我就先開車走了。

此外，還要請爸媽反思的是，以上這些真的是你的底線嗎？還是你也常因著不同的情緒狀況而有時可以，有時卻大發雷霆呢？要讓孩子遵守規範，首先需要有清楚明確、一致的規範，否則，時而可以、時而不行的狀況下，孩子也無法建立好的行為。因此，清楚明確和一致的規範，是做好設限的先決條件。

遊戲式教養的具體實踐技巧

「設限的技巧」

一、「設限的技巧」

　　遊戲式教養的所有技巧中，基本上都是接納、鼓勵及反應孩子的行為、情緒或意圖，都是以孩子為主，跟隨著孩子，唯獨設限是要限制孩子的行為。但遊戲式教養的設限仍然是有別於打、罵、討好等方式，設限的技巧與步驟還是要以情感反映、提供選擇或追蹤描述行為等遊戲式教養技巧為基礎，且設限的用意及重要內涵是要傳達瞭解、接納、及責任給孩子知道，目標不只是在制止行為，而是幫助孩子用更恰當的方式來表達動機、欲望或需求。

　　就如同前面內容提到，設限是同時兼具「虎媽」和「小綿羊媽媽」的內涵。在現實生活中，有很多地方都可以運用設限的技巧，讓孩子的生活有規律、有規範。因此，能體會設限的內涵及實踐設限的技巧，對管教孩子會有很大的幫助，你就可以既當「虎媽」又當「小綿羊媽媽」。

二、設限的簡要步驟

1. 指認孩子的感受、盼望、及想法
2. 說出限制

3. 提供另外可行的途徑

4. 陳述最後選擇（當孩子打破限制時，別忘了耐心是最高準則）

三、示例說明

如果孩子表現出需加以限制的行為時，建議以下的設限步驟：

指認出孩子內心的感受 → 陳述所做的限制 → 提供其他可行之道。

範例一：

情境－孩子在牆壁上畫畫

1. 指認出孩子內心的感受：「我知道你很喜歡在牆壁上畫畫兒。」

2. 陳述限制：「可是牆壁不是用來畫畫的。」

3. 提供其他可行之道：「你可以畫在紙上或黑板上。」

範例二：

情境－孩子拿槍射你

1. 指認出孩子內心的感受：「我可以感覺到你現在很生氣。」

2. 陳述限制：「可是你不能拿槍射我。」

3.提供其他可行之道：「你可以射在牆上或天花板上，或者假裝那個不倒翁是我，射在上面。」

範例三：

情境－孩子不願意結束遊戲時間。

1.指認出孩子內心的感受：「我知道你還很想玩。」

2.陳述限制：「可是我們今天的遊戲時間已經到了。」

3.提供其他可行之道：「我們下個星期＿＿＿的＿＿＿點（之前已經說好的時間）還可以繼續玩。」

範例四：

情境－孩子想要玩哥哥手上的玩具。

1.指認出孩子內心的感受：「我知道你真的很想玩那個玩具。」

2.陳述限制：「可是哥哥還在玩。」

3.提供其他可行之道：「你可以先玩這個（提供另一個玩具），十五分鐘過後你們可以交換玩具。」

9

結語

小時了了，也要，越大越佳

　　筆者從事兒童遊戲治療已有二十年，對「小時了了，大未必佳」這句話深有感觸。總是覺得好可惜、好遺憾，為什麼孩子就不能一直表現很好呢？現在的很多父母都很認真學習各種教養孩子的方法，通常這類父母的孩子在小學階段表現都非常優異，但總是會有一大部分的孩子隨著年齡的增長，他的表現越來越不像小時候那麼優異。真的就應驗了「小時了了，大未必佳」這句話。當然，也有些孩子一直表現很優異，他們是「小時了了，越大越佳」。

　　上述的狀況好像凸顯了一種衝突與矛盾，難道注意與重視孩子的學習是錯的嗎？當然不是。

　　據文獻研究及實務得知，十歲以前孩子的學習表現和父

母的投入程度有極高相關，這就是在說明十歲前的孩子，只要家長多一點投入及關心程度，孩子的表現就會優異，但怎麼會變成「小時了了，大未必佳」呢？

再深入的去瞭解這些孩子的轉變，發現關鍵在於這些孩子的學習態度有以下的轉變。

1. 孩子關注的焦點從「好玩的過程」轉變到「得到獎勵的結果」：亦即孩子本來是開心的參加課程，加上家長的關心與投入，孩子表現就很不錯，同時也經常得到老師或父母的獎勵，獎品、獎狀、獎盃等等，或是經常在親友前面得到賞識與褒揚。久而久之，孩子的焦點不再是「學習過程」或「好玩有趣」的過程，而是要得到被獎勵、要得到可以上臺領獎的結果。

2. 孩子的感受從「好玩」轉變成「無聊」或「壓力」：任何學習到一個更高程度後，就會需要比較辛苦地投入及反覆的學習與練習，其實這就不再只是「好玩」。此時，孩子沒有在足夠的內在動力，就會對學習感到無聊或無趣，接下來的學習結果也可能不再得到獎勵時，甚至學習就變成壓力了。

上述的的第一點經常會讓家長很疑惑，所有的教養書籍或專家不都是要我們陪著孩子成長，不要錯過他們的童年嗎？難道獎勵孩子的表現是錯的嗎？快樂學習是錯的嗎？在

此就是要指出投入陪伴孩子的過程中，我們要如何做才不會把孩子引導掉入上述兩個泥淖中。

1 不要僅是讚美「結果」，更要強調孩子「努力的過程」

當你發現孩子常問你：「媽媽，妳看我是不是做的很棒？」「媽媽，老師說我很乖。」「我比賽得獎，你要送我什麼？」…當你發現孩子有類似上述的要求時，你就要警覺到孩子關注的焦點已經開始從「好玩的過程」轉變到「得到獎勵的結果」。這時候的你，請不要直接回答他的問題或他的要求，而是要回應他的「努力過程」或「學習過程」，例如：「嗯！我看到你已經把作業寫完，而且寫完後還把簿子收到書包裡。」「你希望比賽能得獎，媽媽看到你這幾天練琴練得比以前多，有時看起來有點累了，你都還是打起精神練習，真的很讓媽媽欣賞，讚！」。

2 反應或強調孩子「努力的過程」時，也就是在培養孩子回顧自己努力過程或學習過程的態度

我們都知道「努力不一定成功」，但我們要從努力卻失敗的過程學習正確或改正的方法啊！孩子從小就因為我們經常反映他們努力的過程，讓他們從小就學習回顧過程的態度，這就是一種「自我檢核」能力的培養。「自我檢核」是一種高層次的認知活動，是一個成功人士必備的能力或態度。我舉一個例子來說明「自我檢核」能力的重要。孩子考

完試之後，你問他這次數學可以考幾分？很多孩子是回答不知道的，甚至有的孩子說考的很好，但結果卻沒有他說的那麼好！有些考的好的孩子，他們也不知道自己是可以考幾分。但具有「自我檢核」能力的孩子，就會很清楚的自己會考幾分，甚至是哪題錯了？或是哪題寫的不夠好？他都了然於胸很清楚。世界上沒有永遠的第一名，沒有人可以永遠成功，但很清楚自己的優勢、弱勢在哪裡？很清楚自己哪裡做得很好，哪裡需要改進？這種「自我檢核」才更是一個人可以成就很多事情的能力。

③「選擇」具促發內在動力形成的效果

亦即每個人都比較願意為自己的選擇做努力與投入，例如：一個青少年自己做了一個創業的決定，他一定會為自己的選擇與決定努力，這個動力是內發的、主動的，不需別人逼迫或提醒。學習不可能永遠都是輕鬆快樂的，到了一個程度或水準，就必須要有內在的、自發的動力，才可能引領自己更專注投入學習。

分享到此，希望所有讀者瞭解，其實生活中有非常多的事情，可以讓孩子學習做選擇，千萬不要以為孩子還小不懂，不會做選擇。

家長及老師都應注意到孩子的學習焦點是不是開始從「好玩的過程」轉變到「得到獎勵的結果」呢？家長、老師

提供適當的選項，讓孩子有足夠的機會做選擇，學習負責及及促發內在學習動力，你會發現孩子越帶越輕鬆。而「小時了了，越大越佳」，就會是可以期待的喔！

為了有效引導孩子，各位爸媽在孩子專注地做某件事或活動時，建議可以做類似以下的反應：

> 你有看到
> 你注意到了
> 你知道
> 我有看到你⋯

在孩子持續專注一小段時間之後，可能開始就要累了。在孩子分心前，父母可以做一個小結回應。

> 嗯！你已經寫完⋯
> 你已經做到⋯
> 我有看到你已經完成了（多少多少）

當孩子完成了一個小任務、一項作業、一件工作時，請各位爸媽一定要將他努力的過程做回應，甚至加點正向情感反映。

> 嗯！完成了！好開心，好有成就感齁！媽媽有看到你剛

才…（正向的行為）

耶！你做到了呢！媽有看到你剛才…（正向的行為）

完成了！媽有看到你剛才…（正向的行為）

以上可知，觀察孩子做事的歷程中，不論是一開始、過程中，或結束的時候；爸媽都應該把握機會給孩子正向的回應，因為父母的看到與正向回應，孩子自然就會有更多的能量集中，也更能順利的持續完成這些事物或活動。

自我檢核與反思

孩子過度追求成果嗎？

只有達到他的目標　他才會高興

他只要他要的　其他的東西他一概無法接受

孩子常問你　我是不是最棒的

他很難接受別人不同意他的意見

他常說　我很聰明　對不對？

他常取笑別人都好笨

孩子很在乎排名

孩子會很急的想學會一個新的東西或技巧

孩子非常在意是否有得獎得名

孩子很想得到我們的肯定

我們都很肯定孩子的表現　但孩子好像覺得還不夠

孩子會常問　做這件事情有沒有獎品或獎勵

遊戲式教養的具體實踐技巧

「設限的技巧」

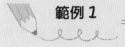

範例 1

在2天的工作坊之後，我將鄭老師在課上教授的理念和技巧應用在自己孩子身上，原本棘手的兄妹爭寵問題，在滿足了孩子心理需求的基礎上，順利得到解決。也再一次驗證了：鄭老師的課程，實操性極強！只要在養育中不斷踐行，就一定可以看到效果！

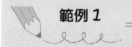

範例 1

身為二胎家庭的家長，你會不會經常遇到倆娃爭寵的情況呢？手心手背都是肉，如果處理不好爭寵的問題，很可能是兩邊都不討好喲。舉個發生在我家的一個簡單的小例子：

我家，哥哥5歲，妹妹3歲，每天晚上一起在浴缸裡洗澡。浴缸裡放了好多玩具，他們可以非常愉快地在浴缸裡一起刷牙、洗澡、聊天、玩耍長達半個多小時。

玩夠了之後，問題來了：

倆娃都希望我先抱他（她）起來，可是，我體力有限，一次只能抱一個，怎麼辦呢？如何做到公平呢？

一開始時，我想到的辦法是：和倆娃約定，今天先抱一個（誰先叫的我，我就先抱），然後明天先抱另一個，依次輪流下去。

這個方法看似公平，但是，效果卻非常不好。今天先抱了哥哥，哥哥很開心，可是妹妹就悶悶不樂；明天先抱了妹妹，妹妹又喜笑顏開，可是哥哥就滿臉不愉快。可能是孩子覺得要等待一天才能輪到先起來，過程太漫長了吧！

於是，我又嘗試了另一個方法：拋硬幣！由倆娃制定規則：正面朝上先抱誰，反面朝上先抱誰。倆娃商量好後，我開始拋硬幣，然後按照他們商量好的規則執行。這樣呢，效果比第一個方法好些，但仍然不是特別理想，後抱的那個還是不太開心，因為輸了嘛！

機緣巧合，我有幸參加了鄭如安老師在深圳舉辦的「遊戲養育父母工作坊」，兩天的時間裡，讓我對孩子的情緒、界限、心理需求有了更透徹的理解。我開始思考，如何把如安老師的理論，應用到實際生活中。於是，在處理「洗澡爭寵」這個問題上，我考慮到了如安老師所講的「兒童的兩大心理需求」。

首先，滿足孩子第一個心理需求，我要「看到」他們。

於是，我說：「喔，你們都洗完澡了喔，都想媽媽先抱起來，是嗎？」

倆娃都點頭，異口同聲地說：「嗯，是的，媽媽，請你

先抱我起來吧！」

我說：「嗯，媽媽知道了。」

接下來，要開始滿足孩子第二個心理需求了，我要相信他們，邀請他們「自主」地解決問題。

於是，我繼續說：「媽媽很愛你們兩個，但是呢，媽媽體力有限，一次只能抱一個先起來，另一個要等待。請你們倆商量一下，媽媽先抱誰起來。」

他們聽了，還是異口同聲地說：「我要先起來！」

我就說：「嗯，看來你倆還沒商量好，那我忙別的去了。」（不參與，留白）過了一會兒，哥哥說：「媽媽，我們商量好了，妹妹先起來。」挺出乎我意料，我心想：挺有哥哥樣兒嘛！但我嘴上可沒這麼說，我可不能讓哥哥覺得，哥哥就應該讓著妹妹，哥哥和妹妹，地位必須是平等的！

有些家長喜歡說：「你是哥哥，應該讓著妹妹。」

家長說得輕鬆，殊不知，這會引起哥哥對妹妹的怨恨！

哥哥會想：「憑什麼我就應該讓著妹妹呢？就因為我早出生了兩年？這出生順序，你們也沒和我商量呀！如果沒有妹妹，什麼都是我的，我討厭妹妹！」

剛才講了點題外話，現在言歸正傳。

在哥哥同意妹妹先起來之後，我微笑著肯定了哥哥：「哇，哥哥讓妹妹先起來呀！哥哥好愛妹妹呀！」

哥哥聽了，喜笑顏開。

我同時問妹妹：「請問你需要對哥哥說什麼呀？」

妹妹開心地說：「謝謝哥哥！」

於是，就這麼愉快地洗完澡了！

之後，連續兩天，哥哥都是讓妹妹先起來，過程也都很愉悅。

到了第四天，我也不知道他們怎麼商量的，他們商量的結果，變成了「哥哥先起來！」

我很詫異，就又向妹妹確認了一遍：「妹妹，你同意哥哥先起來？」

妹妹開心地說：「是的，媽媽，我同意哥哥先起來！」

於是，我又用同樣的方法，肯定了妹妹：「哇，妹妹讓哥哥先起來呀！妹妹好愛哥哥呀！」

妹妹非常外向，聽到我這樣說，開始非常開心地親起哥哥的身體來！

哥哥被親得直笑：「哎呀，妹妹，不要親我了！好癢呀！」

我同時也提醒了哥哥：「請問你需要對妹妹說什麼？」

哥哥笑嘻嘻地說：「謝謝妹妹！」

之後，又連續幾天，都是哥哥先起來，過程也都很愉悅。

大家可以看到，同一件事，家長處理的方式不同，結果就完全不同。二胎家庭，兩個孩子之間關係如何，全看家長的引導方式是否正確。**我現在的實踐心得是：處理倆娃爭寵的問題，首先，要告訴孩子，你很愛他們兩個，同樣的愛，滿足孩子「被愛」的心理需求；接下來，把問題交回給孩**

子，相信孩子，邀請兩個孩子自己商量解決，**滿足孩子「自主」的心理需求。**

鄭如安老師金句：

◆ 對孩子的尊重、接納，都需要通過父母的行為讓孩子感受到。你注意到孩子的什麼行為，那個行為就會被保留下來。

◆ 對孩子的相信並非只是說說而已，家長要有所作為才能讓孩子真正感受到你對他的相信。

◆ 固定而穩定的陪伴，是構建孩子安全感的基礎，前提是要有清晰的界限設置。

問題 1

老師好。我有兩個兒子，分別相差兩歲。大兒子越大越壞蛋，越不聽話，而且也很懶惰，他小的時候很乖、很貼心的，只是弟弟出世後，他就開始變了。我記得弟弟出世後，我有聽朋友的話買一份禮物給哥哥，說是弟弟送他的見面禮，可是好像都沒有效。朋友說，這是因為大兒子在吃弟弟的醋，請問老師我該如何平復孩子的醋意？謝謝。

回應：

感謝你替好多好多的父母提出共同的煩惱與困擾。

對絕大多數的家庭而言，手足競爭是很正常也是無法完全避免的，因此不要認為哥哥越大越壞蛋。其中你提到有朋

友說這是哥哥在吃醋，這個吃醋就是在表達他內心其實是有所求於爸媽，我把孩子內在的心理需求歸納為親密的心理需求與自主的心理需求。（請再參酌本書第二章）

接下來我就從這兩大心理需求來回應你的問題。

試想，當只有一個小孩（哥哥）時，他可以說是萬千寵愛在一身，但有了弟弟之後，爸媽的注意力及愛要轉移很多到弟弟身上，甚至更多的時間都是在陪弟弟，從此得自爸媽的親密減少。好玩的玩具、好吃的東西、好看的電視，不再是隨心所欲的想怎麼做都可以，甚至有時還要禮讓給弟弟或配合弟弟，自己的自主性受到剝奪。真的很讓哥哥討厭與生氣的！

由上可知，當弟弟出生之後，哥哥的親密需求和自主需求都受到影響，這會帶給哥哥很多負面的情緒，這些心中的負面情緒若沒得到被瞭解與紓解，就會壓抑或累積在心中，時間久了哥哥的情緒和言行就會越來越讓人受不了。其實我猜測哥哥的不聽話、懶惰的行為背後，其實也很可能是要爸媽的注意與關愛，同時也想有更多的自主性，但一直沒有充分被滿足，就轉換成大大小小的情緒。

要改善這樣的狀況，在此提出以下以幾點建議來滿足哥哥的親密與自主需求：

1. **要給哥哥一個特別的獨處時間**：這個時間只有你和哥哥兩人獨處，不要數落、責備、提醒，就是聊天、陪伴與關心。這可以快速有效的滿足哥哥親密的心理需求。

2. **不要因有了弟弟而剝奪或減少了哥哥原有的自主或權益**：因此不要說「你是哥哥，就該讓弟弟…」、「弟弟還小，你是哥哥，應該…」。簡單說，就是哥哥喜歡的活動、興趣、喜好，不要因弟弟而被干擾。

3. **要反應出哥哥親密與自主的心理需求**：當你感受到孩子的言行其實是故意的，那就有很大可能是在要爸媽的親密或自主需求。因此，你可以反應說：「其實你是要媽媽多陪你一下」、「弟弟要回家了，但你還是希望媽媽在陪你多玩一下」。

4. **創造與反應手足間和好相處時的互動**：當手足間有正向的互動時，請勿必要將這個互動反應出來，因為有時候哥哥也會覺得弟弟也有不錯的地方。

總之，面對手足競爭問題時，多半是當兄姐的比較會被責罵，他們已經很受挫折，又加上因有弟弟之後內在親密與自主需求的失落，都使他們有苦難言，爸媽們多去瞭解他們，不要掉入「忽略孩子心理需求的話語」泥淖中。

問題**2**

老師好，我有3個孩子。因為工作關係，所以大女兒從小被保姆照顧，直到二女出世我才辭工專心照顧家庭和孩子。隨著大女兒升上中學後，她的性情越來越暴躁，小小事就擺臭臉，而且對於弟妹的態度也不耐煩。請問老師我孩子到底怎麼啦？

 回應：

感謝你的提問，我敢說你的問題是全天下所有青少年父母共同的困擾。不用太擔心或緊張，或許你會認為大女兒剛出生的一段時間，沒有好好的陪老大是一個重要的影響。或許是吧！但我覺得你可能先來瞭解一下正值青春期的大女兒。

人的成長過程到了中學階段本就是一個令人尷尬的階段。因她們同時面臨了：

1. 身體的轉變
2. 學業的壓力
3. 對未來生涯的茫然或不確定
4. 對自我的瞭解與統整，就是要瞭解自己是一個怎樣的人

知道嗎？這每一項任務都會給青少年很大的壓力。總之，青春期階段前期的青少年，容易不耐煩與暴躁是不足為奇的，也可以說是很正常的。

從你簡短的描述中，可以感受到大女兒可能會嫌弟妹吵又幼稚、嫌爸媽嘮叨、嫌自己不好看、回到家沒什麼話好說，跟朋友可以聊上幾個小時，父母的關心他也嫌管太多，有時還會頂嘴、不聽話、擺臭臉…。這些真的都很正常。但身為父母的怎麼辦呢？就這樣嗎？當然也不是，在此，我要介紹一個認識及二個方法與二個行動。

一個認識：就是父母真的不可以再用以往的方式跟青少年互動，孩子長大了，不一樣了，所以我們當然也要改變。

二個態度：自主與肯定，就是給他們更大的空間與自主性。

自主：這個階段的孩子在學習獨立，他們真的很需要自主、自我決定的過程與體驗。真的，當你放手讓他自主時，他反而會靠近我們。你越是要掌控，他們只會更反抗，因這時候的反抗就是在證明他可以自主。

肯定：當他們自主做了一些決定時，父母親要肯定與鼓勵他努力的過程，如此他會更努力，也會覺得你是支持他的，他會對自己更有信心，越能感受到自己是一個有能力有用的人時，他的自我就更統整。他的叛逆期就會逐漸的消

失。

二個行動：（可以配合參酌本書第七章）

行動的支持勝過口語的提醒：當你要提醒孩子做某些事情時，轉個念頭吧！用行動表現爸媽對他的支持，例如：要提醒孩子考試就要到了，不如端杯果汁給孩子喝。

簡潔明確的關心替代過多的詢問：此階段的孩子仍然需要爸媽的關心，但爸媽不能用太多的詢問來關心孩子，一句簡單的「加油」可能比問他怎麼了還要有效。

問題**3**

　　老師你好，我家兩個男孩相差才3歲，但是他們時常打架和吵架，兩人互不相讓，有時哥哥故意推撞弟弟，弟弟不爽就往哥哥的臉狠狠的咬了下去。每次兩兄弟在打架和吵架時，我都會很慌，不懂該拉開哥哥還是抱走弟弟。請問老師，當孩子發生爭執的時候，我應該要怎樣處理才比較圓滿，不會傷害到兩兄弟的感情？謝謝。

 回應：

　　我很好奇地問，當你不在家時。他們兄弟會怎麼樣？

　　手足競爭本就是每個家庭普遍存在的議題，只是你家兩兄弟的過程是比較激烈一點。即使如此，歸根究底還是得處理手足競爭的心理動力，而不是僅處理當下的吵架或打架。當然，你家兩兄弟間的打架看起來有可能會導致受傷，難怪你每次看到他們爭執時，心情都會很慌張。在此提供幾個行動原則供你參考：

1. **以行動代替口語來制止打架或可會造成傷害的衝突。**
   當兄弟要打起來或已經打起來之際，就是以具體的行動制止。例如迅速將兩人分開， 以你媽媽的權威讓還想動手的一方停下來。

2. **不干涉、不袒護某一方，也不要想解決問題。**處理手足爭執事件的目標，就是具體的將兄弟爭執的事情，中性客觀的還原整個樣態。

弟：哥哥先用手打我的！

兄：誰叫他搶我的玩具汽車，又咬我。

弟：哥哥上次說要借我玩的。

兄：誰說的！沒有！沒有！

媽媽：我知道了，弟弟認為哥哥好像有說要借你汽車玩具。所以剛才你沒問哥哥，就直接拿了哥哥的汽車玩具。哥哥你看弟弟拿了你的玩具，你要他還你，弟弟不還，所以你就用手打了弟弟，弟弟你就還咬哥哥回去。

3. **靜默等待後續發展：**在原地讓兩人安靜一小段時間。當情緒平靜下來之後，理性才會出來。媽媽一定要等著他們自己產生他們的解決或妥協方法，而不是你講該怎麼做？因當你講任一方法都一定會有一方不滿意。例如：「要讓哥哥同意借弟弟玩嗎？」或「要弟弟將玩具汽車還給哥哥嗎？」

再回到一開始我問的問題，若你不在家，他們的爭執會更激烈或反而不吵了呢？

若兄弟會打的更激烈，那你要直接找輔導員做輔導了，但實務經驗告訴我，多數都是等你一回到家，就跟你打報告

要你主持公道，其實他們心裡要的絕不是什麼「公道、公平」，而是一種拉攏你選邊站的三角遊戲，你陷入這樣的三角遊戲，手足間的爭執就不會停，甚至會越來越嚴重。所以，記得運用上述三原則，絕不要在掉入那個手足爭寵、爭取你的支持的心理遊戲。

問題4

老師好，我的孩子總愛把玩具籃的玩具倒出來玩，但是每次卻玩了就走，從不會收拾。無論我怎麼勸說，他還是沒有養成玩後收拾的習慣。我應該怎樣才能讓孩子自動自發收拾玩具？

 回應：

你除了「勸說」他要收玩具之外，還說過什麼？或用過什麼樣的方法呢？

我想你要知道的應該是一種好習慣的養成，而不只是收玩具的習慣。這是一個很值得探討的議題。我常說：「性格決定一個人的命運，習慣型塑了一個人的性格」，培養孩子一個好的習慣勝過給他千金萬金。

我從人類都有親密需求的觀點來探討如何培養孩子好的習慣。所謂親密需求的表面意義就是被呵護被照顧被疼惜，其更延伸的意義或運用在生活中就是要被看到、被注意到的一種需求。當這種需求被充分滿足時，孩子會形成一個「我是有能力的自我形象」。奧妙的是當爸媽可以讓孩子感受到被父母看到、注意到時，親子間的關係也就會變的很親密。

在具體地回應你的提問之前，先傳達要培養孩子有好的

行為或習慣應該具有的兩個原則：（請參酌本書第二、三章）

1. 放棄無效的管教方式，亦即請不要再用你慣用地勸說或提醒的方式。因無效的方式卻還經常地用，久了就會變成一種讓人很煩的嘮叨。

2. 練習堅持每天很平靜地對孩子說出一個孩子已做到的好的行為。講的內容要符合下列三個標準：

   ◆ 就是今天、剛發生不久或正在進行中的行為，尤以正在進行中的行為最好。

   ◆ 要具體且明確的描述出行為的過程而非僅是結果是的讚美。

      不期待的反應方式：

      「你好乖！」

      「你今天好聽話！」

      期待的反應方式：

      「我有看到你將積木、汽車、娃娃都放回籃子，還蓋起蓋子！」

      「你吃完點心，就將作業拿出來寫，還問了媽媽兩個數學題目該怎麼寫？」講完上述的內容，再講「你好乖！」就可以。

   ◆ 不管是主動或被動的，只要孩子開始行動了的行為皆可。

針對改善孩子收玩具行為之具體建議有以下三點

1. **用行動而不是用口語責　來表達你的堅持**：亦即不要口頭勸說，而是大人放下手邊所有事情，親自帶孩子過來要求孩子收玩具。不要有情緒，也不要責　與勸說，就是溫和而堅定的讓孩子感受到：「這次是來真的！」

2. **反應孩子有做的行為**：當孩子在前述的溫和而堅定的氛圍之下，開始收玩具時，不要在乎他是否開心，就是將他所做的行為講出來。

3. **孩子收好玩具之後，具體的給一個總結性的響應**：包含孩子的情緒、收玩具的過程。「剛才你不是很開心，但我有看到你將汽車、積木都放進籃子了，還蓋起了蓋子，你做到了！」

你好，我的孩子很怕黑，每晚睡覺都要我們夫妻倆陪，而且也不能關燈，不然半夜他醒來時一定哭到收不了聲。請問老師，要怎樣才能讓孩子不用爸爸媽媽陪睡覺你？謝謝。

 回應：

在要回答你的問題前，我想先說的是「人的情緒要百分百的被接納」。當情緒百分百被接納與瞭解時，因情緒而衍生出來的行為才有可能緩解或消失。尤其你所提到有關孩子「怕黑」的問題，基本上是屬於情緒方面的議題，因此，先瞭解與接納孩子這方面的情緒是重要的。（請參酌再閱讀本書第四章）

我們試著來瞭解孩子的「怕黑」。從你的描述內容可以感受孩子的「怕黑」是一個現象，這個現象對孩子而言，可能是焦慮沒有安全感。孩子的氣質、特質、過去的生活經驗或一些曾受到驚嚇的經驗，都有可能影響孩子的安全感。在此，我就試著從安全依附的觀點來找出有效的方法。

人都需要有個依附的物件，剛出生的嬰幼兒的依附物件，基本就是照顧者，當照顧的品質夠好（good enough）時，孩子就會成為一個有安全感的小孩。隨著年齡的增長，孩子的依附物件從母親擴展或轉換到奶嘴、睡覺

時抱著的抱枕、毛巾、娃娃等,這些對象也會成為安全的依附象徵。即使長大了,有人睡覺或看著電視時還常會抱著一個抱枕,這都讓人更有安全感或被陪伴的感覺。

綜合上面的說明,有幾個具體建議:

1. 孩子若有因為「怕黑」而出現的情緒,**請優先反映出他的害怕、擔心**,且讓孩子可以哭可以抱著你,而不是說「長大了要勇敢」或是「不要哭」此類的話,因這種因沒有安全感而衍生出來的情緒,需要百分百的被接納。

2. **請情緒平穩的陪著孩子睡覺**,因你越是不耐煩、越是擔心或生氣孩子的這種行為,只會讓孩子更沒有安全感。

3. 在陪伴過程中,**創造一個安全依附的具體物件**,例如一隻他喜歡的長頸鹿娃娃、小熊布偶…。請你每次陪孩子睡覺時,也告訴他這個布偶或娃娃是一個天使、是一個守護者,他和爸爸媽媽一樣的會保護孩子。

4. 穩定一致的運用上述方式陪伴孩子一段時間,直到孩子跟這個娃娃或布偶有連結,例如孩子會自動的抱著娃娃睡覺,或是跟娃娃布偶說話。你再試著將陪睡時間縮短,但請不要太著急。

面對孩子焦慮、害怕、擔心…這類的情緒,越是要百分

百的接納孩子的情緒。越是拒絕、否認孩子的這類情緒，反而會讓他更焦慮、害怕，平穩地接納與陪伴孩子，孩子才會有足夠的安全感，有足夠的安全感就比較不會焦慮、害怕。

問題6

老師你好，我的兒子今年7歲了，可是我發現他做事情，做功課都很不能專心，尤其對於長輩的話總是「左耳進右耳出」，沒有放在心上。可是當他玩手機的時候就非常專注，專心到叫他都沒有回應。請問老師，我要怎樣說孩子才會認真聽我的話？

 回應：

這好像是一個很普遍的問題！有了電視之後，孩子常被電視照顧，有了3C之後，手機、IPAD又成了一個新的媬姆。

圖像、影音等刺激本就比較能吸引孩子的注意，所以，單調的書本、作業當然就沒那麼有吸引了。要能讓孩子對書本、作業能投入與專心，本就是需要透過陪伴、鼓勵來培養這份能力或態度。這樣的陪伴與鼓勵過程，也會讓你跟孩子的關係更親密，如此「左耳進右耳出」的現象也才會有所改善。

孩子會喜歡看電視、玩手機與IPAD，多半都是看一些好玩的有趣的影片或遊戲，所以要探討的不是電視、手機或IPAD，而是這些影片及遊戲。影片或遊戲之所以吸引孩子的原因至少有三：

1. **只有肯定沒有責罵**：玩遊戲過程即使失敗，不僅不會被責罵，甚至還會鼓勵孩子加油、再來一次，若成功過關就會立即被鼓勵與肯定，鼓勵孩子再繼續進階挑戰。

2. **遊戲過程有趣好玩又有變化**：每個影片或遊戲都是音效配合著畫面，生動活潑又好玩。

3. **遊戲的主角滿足了孩子的心理需求**：遊戲中的主角多半都是英雄、可愛、漂亮或會令人疼惜的角色。這充分滿足孩子想當一位有能力的英雄或想被細心呵護照顧的小孩的心理需求。

你看到這邊內心有何感想呢？你知道為什麼孩子會那麼迷電視、手機或IPAD了嗎？

今天每位爸媽基本上比影片、遊戲多了一個優勢，就是你是真實的個體，你是可以讓孩子接觸到感受到的！以下有幾個建議供大家參考看看。

1. 請你根據自己的工作狀況，**規律地有一個固定時間陪孩子**，建議是每週至少一次，一次至少半小時。陪伴過程中不談功課、不談成績、不談他的表現，讓孩子選他喜歡「跟你一起做的事情」，下棋、玩牌、打球、散步…都很好。重點是過程中「只有肯定沒有責

罵」。

2. **請學習用「我看到…（具體行為）」的句型回應孩子有做到的行為：**「我有看到你寫了一行的作業了！」雖然孩子的作業可能是有十行，但請不要等孩子認真寫完才回應，依你描述孩子的狀況，他寫字一段時間之後就會不專心、不認真，就會被你責罵，那他永遠不會在寫功課上得到肯定，他當然不會對讀書寫功課有興趣。除了作業功課之外要依此方法之外，其實只要孩子剛開始有好的行為出現時，請就對著他說「我有看到你…」。（請再參酌本書第三章）

3. **請讓自己學習放鬆自在，**當你越是放鬆地對孩子進行上述的反映，也越能讓孩子感受到你的關心與疼愛，你知道嗎？你的放鬆與自在才可以讓孩子真實地接觸到你、感受到你的愛！（請參酌本書第八章）

「愛」其實是無法被影片、遊戲取替的！除非孩子在現實生活中一直感受不到你的愛。相信自己！相信孩子！處理好自己的心情，輕鬆地陪孩子做他喜歡的事情！那就對了！

問題**7**

老師你好，我是自由工作者，為了不錯過孩子的成長黃金期，所以兩個孩子（5歲和2歲）帶在我身邊陪我一起工作。只是我發現這麼做有一定的問題存在，那就是有時工作很繁忙，孩子又在鬧，我氣在心頭就會罵他們，我知道這樣做不對，但情緒一來很難控制，請問我可以如何處理？

 回應：

你提了一個很重要的問題喔！也是新一代的媽媽常有的掙扎與矛盾。「把握孩子成長的黃金期」或「不要錯過孩子的童年」的觀念不能說錯，但也不要成為一種迷思或壓力。上班族的父母整天都在工作上班，就錯過了孩子的童年或成長黃金期嗎？罵孩子、打孩子就破壞了他們的童年嗎？我想，應該不是這樣的！

再來就是要做到怎樣才叫「把握孩子成長的黃金期」或「不要錯過孩子的童年」呢？這就很難具體回答了。但有一個重要的觀念與原則要把握住，就是我們要做一個「剛剛好」（good enough）的父母就好，而不是要做一個100分的父母。這個「剛剛好」的內涵是就好像是水果的成熟度，水果成熟度不夠時，吃起來會很酸很澀，太過成熟之後又變得太爛甚或發酵、變酸，「剛剛好」時最甜美、最好

吃,品質也是最好的!。

在諮商輔導專業的培養中,不斷地告訴我們就是要當一個「剛剛好」的老師、「剛剛好」的情人、「剛剛好」的爸媽,當你在某個角色中想做的很好,甚至非常好,就會沒有自己,做的不夠好或非常不好,就無法給對方安全感與穩定感。

什麼叫做「剛剛好」的父母呢?我覺得有兩個重要原則要把握:

1. **「留白」是最美的**:知道嗎?空間與距離會帶來美感。保有自己的空間與主體性時,美麗的事情才會發生。像妳是同時在工作又在照顧小孩,那會使妳都沒有屬於自己的時間與空間,這會使人burn out的!也難怪你會陷入一種掙扎衝突的情緒中。因此,強烈建議你要劃分出工作、陪小孩與自己的時間、空間的界限。

2. **「剛剛好」的標準是在陪伴的品質而不是陪伴的量:**亦即在你身心狀態平穩之後,你要專注的陪伴孩子～停看聽!你要做到「停」下手邊所有的事情,「看」著你的孩子,「聽」著他的描述。那你就會是一位剛剛好的父母,也是一個有品質的父母。

父母是人,不是神!既然是人就會有情緒就會有疲累的

時候，我們也需要被瞭解被鼓勵被照顧。因此，記得有空間
才能創造出美感，即使是全職媽媽也要留一點時間與空間給
自己。

問題8

老師你好！我參加了數個媽媽的社交群，發現她們都非常熱衷於讓孩子（平均10歲以下）參加各種不同的才藝班，他們稱之為「能刺激小孩成長的教育活動」。我原來希望孩子能有較多的自處時間，自己爬樹、遊戲、騎腳踏車……，但如今看見了這樣的「比較」，就不知道我的想法會不會「不夠積極」，而「害」了孩子的前途？

 回應：

感謝你的提問，你會有這樣的疑惑就表示你內心是有掙扎的。你很想讓孩子有更多的時間自處，只是看到旁邊好多的家長都熱衷於讓孩子上各種才藝課程時，你內心會有些擔心及焦慮，會不會讓孩子錯失了好多學習的機會。

我不反對送孩子學才藝，各種才藝課程的確都有刺激孩子成長的機會，到底該不該讓孩子去上才藝課？或是該上多少種才藝課呢？是不是越多越好呢？每個孩子的個性、特質都不一樣，我們該如何拿捏呢？

遊戲式教養強調「豐富的遊戲過程就是孩子成長的最佳養分」，這豐富的遊戲過程指的是孩子投入與參與在某個活動上時，他就能在這活動中學習與成長。但要讓孩子願意持續地投入於某一活動，經常是需要家長在旁陪伴、肯定與鼓

勵的。

很多孩子參加各種的鋼琴、舞蹈、畫圖、戲劇、數學、英文等等的才藝課程時，一開始都覺得很有趣、很好玩，但學習過一段時間之後，那個新鮮感及趣味降低或沒有了；或學到一個階段之後，發現回到家要做很多相關的練習與複習，如練琴、背英文單字等等，這些因素都會導致孩子不願意再去上課；或是上的很勉強很痛苦。若上才藝課到最後是這樣子的話，請問這是在刺激孩子成長或是抹殺了孩子的學習興趣呢？

在此，我想要表達的是「正確的學習態度」與「成功的學習經驗」才是最重要的。絕對不要認為才藝課不是正規的學校課程，而忽略了要在旁陪伴、肯定與鼓勵孩子的學習過程，這也是我強調的「豐富的遊戲過程就是孩子成長的最佳養分」，我們不是只注意到「不能讓孩子輸在起跑點」，更重要的是「要讓孩子贏在終點」。（請參酌本書第十二章）

問題9

老師你好！我的孩子今年剛上小學，卻因為適應不良，常被老師懲罰、指責，而導致他開始抗拒上學。這樣子下去，我的小孩會不會在不久後產生厭學情緒？究竟我們家庭該怎麼做，才能讓孩子在現實條件中有正面的成長，同時還他童年的快樂？謝謝老師。

 回應：

孩子上小學是人生成長過程中一個很重要的里程碑，對孩子而言，是開始離開爸媽的呵護與照顧，學習與人互動、遵守規範，同時要完成許多功課、作業等學習任務。要知道！對一個六歲的小孩而言，光「上學」就已經是一個重要任務與挑戰，在學校若又適應不良或被老師懲罰指責，這當然更是一個很大的壓力。

人類面對壓力時的反應機制有兩種：面對或逃避。我們也知道「面對」壓力事件，才有可能真正的解決問題進而解除壓力。所以，要讓孩子有正面的成長及快樂的童年，就要引導孩子面對上學這個壓力事件。

要怎樣才會讓人願意面對壓力接受挑戰呢？第一個是能力，第二個是支持。當能力真的不足以應付壓力時，誰敢去面對呢？有能力後，又感受到被支持，才會更有勇氣去面對

壓力事件。

從輕鬆、快樂的家庭或幼稚園環境，轉換到一個比較嚴謹的學校環境之初，會有很多地方需要調適與學習。以下是評估孩子是否能適應學校環境的幾個能力指標：他能勝任學校的功課與作業嗎？他對於老師的規定要求，真的都聽懂了嗎？他有認識新的同學了嗎？他有交到好朋友嗎？他的某些特質或習慣有被老師瞭解與知道嗎？

若你的孩子有欠缺以上某些能力，請你花時間培養孩子這些能力吧！但絕大多數的孩子不是沒有這些能力，而是他的這些能力被卡住了，而卡住的關鍵多半是他還停留在家裡或過去幼稚園的經驗。此時，爸媽要做到的就是引導及聆聽孩子說出那些卡住的種種原因，你就能引導孩子將這些卡住的阻礙去除，相信他就會適應學校。最後要說的是，在小一階段出現拒學或懼學是司空見慣的，爸媽不要那麼焦慮或擔心，相信你的孩子是有足夠能力的，你要做的就是瞭解與支援他。送大家一句話：「瞭解與支持起始於用心聆聽。」（請再參酌本書第六章）

問題10

　　老師你好。我是一位安親班的新老師，我在這裡上班了兩個月，最讓我頭痛的是班上有一個很搗蛋的男生，每次上課的時候，他都不能安安靜靜坐著聽課，相反的他總是走來走去，不然就是作弄同學。總之，他有在的話，整個班的次序就被他搞亂了。請問老師，有什麼方法可以讓這孩子乖乖上課嗎？謝謝。

 回應：

　　感謝你的提問，想必你是一位認真負責的老師。在回答你的問題之前，我先分享我超過二十年輔導孩子經驗的一個心得，那就是「孩子的行為一直讓你困擾時，請靜下來思考：孩子內在的心裡需求是什麼？」若我們能接觸到甚至滿足到孩子的心理需求，他讓人困擾的行為才有可能消除。

　　我將孩子的心理需求統整出兩大類：自主需求與親密需求。在此也從這兩個需求探討這個學生的行為。（請再參酌本書第二章）

　　他走來走去或是作弄同學是想要引起你的注意，「叫我啊！罵我啊！都沒關係，就是要把注意力放到我這裡。」或是想告訴你，「我不想上課，我就是沒興趣上課，根本不是我要來上課的，是爸媽逼我來的，所以我不能不來，但我可

以不配合。」更或者是「我要你的注意，也同時在表達我就是可以做我想做的事情。」通常很讓大人困擾的行為經常都是兩種需求混雜在一起，只是比例輕重不同。

遇到這樣的孩子，不要一直在課堂中糾正或處罰他，而是要先從非上課時間建立一些你跟他正向的互動模式，這個模式就是滿足他自主與親密的心理需求，如此才有可能在他出現搗蛋行為時，可以此正向互動模式來矯正。具體說明如下：

1. **創造一些機會給他有好的行為表現**，讓你可給他正向的注意及肯定！如幫忙你倒水、擦桌子、發簿子、丟垃圾等。當他做了這些小幫忙時，立即具體的描述他做的行為過程「謝謝你幫老師到茶水間倒水」、「謝謝你幫老師發簿子給同學，而且我有看到你是一個一個的走到他們的前面發給他們」。很建議老師你要在描述過程時，拍拍他的肩膀、握握他的手或一些適當的身體互動。（請參酌本書第四章）

2. 不是用口語或處罰的方式制止他上課的搗蛋行為，而是以一種**不具威脅但為具體行動來引導孩子做出符合規範的行為**。平常你在鼓勵他時都有牽他的手、拍拍肩膀或其他適當的正向身體互動，所以，當上課又走來走去的時候，你就可以牽他的手引導他坐到位置上。過程中情緒要平穩，不要責罵！記得我們的目標

就是要他回到位置上。而這個牽手的互動在孩子心中是一個正向感受，所以會很有效果。（請參酌本書第七章）

3. 當你前兩步驟落實執行一段時間之後，理論上孩子都會有一些小進步。雖然有時會配合有時又非很配合，但記得當他有進步時，回到類似第一步驟十，**私下給予肯定鼓勵及正向的身體互動，直到他的行為很穩定的符合規範時，再公開表揚**。因太早公開表揚他會有壓力，反而會有反效果。

老師好。我弟剛離婚，一個男人帶著3個分別是8歲到19歲的孩子，老大和老二對於父母的分開還可以接受，小兒子的反彈最大。在爸爸面前他很乖，可是爸爸一走開，比如他在學校、補習班、才華班或阿嬤家時，奇怪的動作就來了，和同學打架、講話很粗魯，甚至粗口，還時常發脾氣亂丟東西。身為他的姑姑，我卻愛莫能助，請問老師我可以怎麼幫助這個孩子呢？感恩。

 回應：

不同階段的孩子在面臨父母離異議題時，對他們的影響其實本就會不同。10歲、12歲以上的青少年已經是在尋求自我獨立，但10歲以下的孩子對母親的依附還強，因此父母離異對10歲以下孩子的影響可能就更大。再者，就是你說到弟弟小兒子對於爸媽的離異反彈很大，那就表示他對於父母離異這件事可能還無法接受或釋懷，但面對這件事情，他又無法做什麼來改變這個事實？這是一種無力及無奈。

在爸爸面前就很乖，但到了學校、補習班或阿嬤家，打架、粗口、亂丟東西的行為就出現了。請不要只專注在他的這些行為，請你揣測這行為代表著何種意義？我常覺得這些行為是一種「crazy for help」。其實他是在告訴大家，

「我需要被瞭解、被幫忙！我好痛苦！我好無助！我好憤怒！…。但我講不出來，講不出來啊！」孩子是無法一個人釐清這些複雜的情緒，但這些情緒又在他心中翻攪，所以就會出現這些所謂怪異的行為。（請參酌本書第四章）

亦即，這些行為的發生，很大的可能是源自孩子面對父母離異所導致的複雜情緒，都沒有被充分表達及照顧所導致。那該怎麼辦呢？針對你弟弟的小孩，我提出幾個建議以供參酌。我用一個口訣就是「表達 談心 允諾與同意」

1. **表達**：一定要找個時間引導孩子講出有關父母離異的想法及心中有的疑惑，說出來不能改變事實，但卻能緩解心中的包袱與壓力。

2. **談心**：就是支持及接納孩子的情緒，一開始他不一定會說很多，但可以從他的行為揣測出所隱喻的心情。同理孩子心情的過程會像是剝洋蔥般的一層一層的深入下去，所以會是一個過程。

3. **允諾**：要允諾孩子父母雖然已離婚，但還是可以同時喜歡爸爸和媽媽，離婚也不影響爸媽對他的愛，更不是要離開他不要他了。

4. **同意**：同意孩子可以跟不住在一起的親方保持聯繫及互動。

　　離婚是兩個大人的事情，親子間的關係不應該也跟著斷裂，若離婚的雙方無法理性的做出允諾及同意，對孩子實是一種傷害！也要知道孩子因父母離異而出現的一些怪異行為，都是一種求救與求助，請試著讓他們有機會好好的表達出心中的想法及情緒，兩個大人要理性的合作給孩子「允諾」與「同意」。

問題12

老師，你好！我的兩個孩子（一男一女）自從升上五年級、六年級之後，重視與朋友的相處多過重視我們父母，寧願和朋友去打球也不要和我們慶生，距離好像漸行漸遠！我們感覺十分失落，或許這十幾年來我們忙於奔波忽略了經營關係？如今我們還能為這份失落的關係做出哪些什麼努力？

✏️ **回應：**

我想這個問題可以從兩個角度來探討，第一個是孩子重視與朋友的相處本就是他這個階段發展的重要任務。若你的孩子整天關在家裡，都沒有朋友也沒有社交生活，這才該擔心。但太重視朋友而與家人漸行漸遠的關係，會讓你越來越無法瞭解他的言行、想法、感受，而讓你擔心焦慮及有失落感，這的確是一個值得探討的問題。

首先，我們要瞭解每位孩子在成長過程中，他內在的「親密」與「自主」兩個需求也一直在發展及找平衡，一方面他們還是需要被瞭解、被照顧被肯定；另一方面又要有自主的權力，自己可以做很多的決定。這兩種需求之間產生很微妙又複雜的動力，且經常是衝突及矛盾的。十幾歲以上的孩子已經算是青少年階段了，其實他們是很希望你能瞭解他、支持他的想法或決定；同時又希望你不要管太多，那就

乾脆不要讓你知道太多。但當你不知道時，你又如何能瞭解與支持呢？這時青少年又說爸媽都不瞭解他們。有時我們很難搞懂青少年在想什麼？就是因為他們自己也陷在衝突與矛盾中。

當我們瞭解青少年有這樣的一個心理機制之後，以下有幾點建議給爸媽參考：

1. Space－請你騰出更大的空間與自由度給孩子，容許他可以有新的選擇、新的決定。只要他不傷害自己、不傷害別人，就勇敢的放手讓孩子去做吧！因這是成長必經的歷程。

2. Support－支援他的選擇、關心他的決定，青少年雖有自主決定的需求，但真的在做決定時，他也很害怕失敗與挫折，此時，他需要家長的支援與關心。

3. Care－請以具體的行動表達你對孩子的關心，而不是在乎孩子的表現及決定後的結果。有時孩子的選擇與決定帶來不是很好的結果，請不要指責他，因此時更需要你的關心。

青少年本身就是在歷經一個既衝突又矛盾的過程，給予他們空間，支持他們的選擇及具體的表達父母的關心是我們每位爸媽的功課。

問題13

老師，你好！我小時候成績不是很好。現在當了母親，看到孩子（8歲、10歲）成績不好時，我很理解那種不好受的心情，偏偏我說出去的話卻很惡毒，總是讓孩子更加難受。其實我對丈夫、對同事、對父母有時候也會這樣。我不知道為何我不能控制我自己？

回應：

哇！你的內心常充滿矛盾與衝突吧！

你知道嗎？我看到你有一個很值得稱許的優點，那就是你很坦誠的面對自己的缺點，這真的很不容易。先給自己一個讚！好嗎？

我從你的描述中，感受到的是你內在似乎有著很深很深的創傷。

你對自己是很接納呢？或也會惡毒的批判自己呢？你接受自己是一個很可愛的人？或有時也很討厭自己呢？

我猜你對自己可能也不是很友善與接納自己的！因此，你想要讓自己能控制好自己的前提，是要先接納自己。要能接納自己，請先坦誠的面對自己成長過程中的負向經驗吧！我覺得坦誠面對自己的傷痛可能需要有專業的人士協助，這

邊老師可以提供你幾個方法在生活中練習與實踐。

1. 請找個安全不會被干擾的地方，**寫出一個人沒做好事情而被責罵時的感受與心情**。可以寫出心情、可以用比喻的方式表達，例如「像一隻流浪狗般的被追打」，可以用塗鴉的方式塗在紙上。

2. 做完上述的活動時，**給自己一些正能量，請大聲的對自己說出正向的話語**，以下是幾句供你參考的內容：「雖然我曾做錯過事，但我仍值得被愛」、「我知道我已長大，我願意全心全力的關心我內在的這個小小孩」。

3. 有時可以去想想小時候的自己可曾有過一些小小的期待，如吃巷口賣的冰棒、有一件小洋裝、擁有一個洋娃娃……，若你能力允許，或許可以替小時候的自己完成這些小小的期待。

4. 當你為自己做了上述的2或3的任一件事後，請你**閉上雙眼，想像自己正被一個像天使般的人溫柔地擁抱著**。

當你完成一次上述的活動，就請給自己一個大大的讚！「我真的很棒！」「我真的值得被肯定、被愛的！」我知道你有時候還是無法控制好自己，導致會對親愛的家人講出一些不好的話語，但請停止責罵自己吧！好好的欣賞與疼愛自己吧！或許當你感受到自己也是一個很值得被愛的人時，你就更懂得如何對你的家人說愛語了！